U0164304

陳永明 著

哲人哲語

匯智出版

金耀基教授序

　　陳永明博士是我中大多年的同事，遺憾的是在他轉去浸會大學之前，我們沒有好好聚過。在我心目中，陳永明先生是一位趣味高雅、語帶機鋒、博學通達的人，我之所以有這樣的印象，是因為在報章上常讀到他一些談音樂、文學與哲學的短文。這些都是小品，見了想讀，讀了感到雋永有味，十分受益。他早年出版《哲學子午線》受讀書界歡迎是很可理解的。

　　陳永明先生不久前告訴我他正準備出一本《哲人哲語》的書，希望我寫序，因為我喜歡他的哲學小品，有機會可以先睹為快，便一口答應了，也沒有考慮自己有沒有資格為這樣的書寫序。

　　看了陳先生的書稿更證實了我對他的印象。《哲人哲語》雖然都是短小的文章，但篇篇都有結實的內容。他讓讀者趣味盎然地跟他一起與哲人思考問題、一起尋求、探求答案，尋到了答案後，還讓讀者驚歎為甚麼柏拉圖、尼采、祈克果、沙特、韋根思坦、羅蒂這些哲人會想到我們不曾想過的問題。陳先生說：「看這本書尤其是開始的『哲人』、『哲思』兩部分，重要的並不是去判斷他們所說是對或錯，而是讓裏面提到的問題和其中的討論刺激自己去思想。」陳先生

是說哲學故事能手，無論談哲人、談哲思或發表自己的「哲
語」都深入淺出，引人入勝。筆墨用得不多，但卻話中有
話，話外有話。

　　陳永明先生顯然是一位憾恨「道術將為天下裂」的人，
是一位不理學術門牆禁軌的人，他在文學與哲學中，穿門越
牆，來去自如。從他講存在主義的文字中，可以見到他對
哲學的修養，但他說：「我也不敢說自己是哲學家，只能算
個愛哲學之人，我不是 philosopher，創個新名詞，我是個
philo-philosopher 而已。大家就把這本書看成是個愛哲學者
所作的吧！」文學與哲學都是陳永明先生的「至愛」。我個人
也有些像陳先生，看書不肯獨沽一味，哲學、文學的書，一
向喜愛，也因此為這本「愛哲學者所作」的書寫篇小序，倒
是樁賞心樂事。

自序

　　這是我近年來寫的第二本和哲學有關的小書。第一本《哲學子午線》不久前已出版。因為我是任教中文系的，在很多人看來哲學並非我的本行，他們便覺得奇怪，認為我過了界——越俎代庖。

　　所謂「行」，很多時候是人劃的界線。從一個角度看去，研究詩的，和研究詞的都可以說是不同行。但換上另一個觀點，文學、哲學和歷史也都可算同一專業。固執着「行」的觀念和界線並不健康，因為每一行其實皆有所明，如果彼此壁壘森嚴，不肯也不能相通，學術界很容易就變成了如《莊子．天下》所云：「天下之人，各為其所欲焉，以自為方。悲夫！百家往而不反，必不合矣。後世之學者，不幸不見天地之純，古人之大體，道術將為天下裂。」

　　況且，一個人的職業未必是他唯一懂得的，甚至不一定是他最擅長、最喜歡的。在研究院我住的是國際學生宿舍。同宿舍有一位德國人，是唸法律的。可是他對歐陸哲學的認識，比在宿舍裏面幾位專修哲學的同學都要強。除此以外，他還拉得一手好大提琴。對於音樂，尤其是音樂史方面的知識，十分豐富，曾經在公立圖書館作過這方面的公開演講。

他告訴我，父母親都是在大學教哲學的，因此自小便對哲學有濃厚的興趣。然而他又酷愛音樂，特別喜歡大提琴，上大學的時候，左思右想，決定專修音樂。畢業後在德國一個相當不錯的管絃樂團任大提琴手，慢慢有了點名氣，還開過幾次獨奏會，卻不幸在一次車禍中斷了左手的尾指和無名指。康復後，手指不再如從前的靈活有力，大提琴就拉不出以前的水準了。他那時還不過二十七、八歲，結了婚，有個未滿兩歲的孩子。

為了謀生，他決定改學法律，唸得很出色。畢業後還拿到國家獎學金到美國深造。他說他的職業雖然是律師，卻仍然深愛音樂和哲學，覺得自己同時也是個音樂家、哲學家。他說知識世界不同現實世界。在現實生活中合法的妻室，應該同時也是自己唯一的情人。然而在知識世界裏卻不一樣，法律是他在這個領域裏所選擇的妻子，哲學和音樂卻是他婚外的情人，而他愛這兩個情人，不亞於妻子。

這樣的一個人，你認為他屬於哪一行？

在知識的領域裏，我懂的不算多，但是我愛的可卻不少。文學和哲學都是我的至愛，此外還有音樂、宗教等等，可以說拈花惹草，到處留情。

哲學，英文是 philosophy，由「philo」（愛）和「sophy」（智）兩部分合成。蘇格拉底認為他不敢妄誇自己懂得些甚麼，不敢說自己有甚麼智慧。他不是個智者（sophist），只是個愛智之人（philosopher）。我也不敢說自己是哲學家，

只能算是個愛哲學之人。我不是 philosopher，創個新名詞，我只是個 philo-philosopher 而已。大家就把這本書看成是個愛哲學者所作的吧。

這本書除了第三部分之外，都是介紹個別的哲學家，或一些哲學思想。這些人物、這些思想，雖然今日我未必盡都同意，但曾經一度給予我很大的啟發，對我有很深的影響，在這裏介紹給大家，希望各位在其中得到我所得到的幫助。

本書的第三部分，開始的幾節是有關討論問題時常犯的謬誤。在學術研究的時候，打出「學術」兩個字，我們都比較謹慎。平常的討論，警覺性不高，往往便掉以輕心。其實我們日常生活所思所想，一舉一動，對他人對自己影響更大，更應該小心。

最後兩節談到倫理和教育，雖然大部分是我自己的意見，但要不是看過這本書第一、第二部分所提到的哲人或哲思，受了他們的影響，我大概不會有這樣的想法，所以可以說是這些人物、思想對我的啟發的見證。

看這本書，尤其是「哲人」、「哲思」兩部分，重要的並不是去判斷他們所說是對是錯，而是讓裏面提到的問題，和其中的討論刺激自己去思想。

我覺得哲學的趣味不在旁觀。周敦頤以為蓮花可遠觀而不可褻玩。哲學不是蓮花，雖然也是不能褻玩，但卻也不可遠觀，必得親自參與，才可以真正領略其中滋味。唸

哲學如果只亟亟於知道結果，就好像看偵探小說，翻了兩頁，便跳到最後大結局，要找出誰是兇手。這樣的讀者，肯定不會獲得太大的樂趣。偵探小說吸引是在看主角怎樣破案，而不在立刻知道結果。看哲學書也是一樣，趣味在跟着哲學家一起思索，一起尋找答案，並不在強記那個哲學家說過些甚麼話。

　　這本書的內容大部分都在《信報·繁星哲語》刊登過，感謝《信報》容許我把這些發表過的作品選輯成書。也多謝中文大學副校長金耀基教授，在研究、行政、教務百忙之中，不嫌我的淺陋，抽時間把全稿看一遍，並且答應給這本書寫序，更是叫我喜出望外，十分感激。

目錄

第三部：哲語

第一部　哲人

我在拙作《哲學子午線》說過：哲學是提問題的學問，不是答問題的學問。衡量一個哲學家，我們不是看他為我們解決了多少疑惑，而是看他提出了些甚麼重要的、發人深省的問題。

本書的第一部分叫作「哲人」，就是介紹我所喜歡、對我影響較深的幾位哲學家。

柏拉圖，那不必多說了。他筆下的蘇格拉底，堅持自己沒有甚麼可傳的大道理。他不疾言厲色，不自以為是，孜孜不倦的與人論辯。從他那裏我們發現很多自己想也未曾想過的問題，刺激我們反省，幫助我們改進。這位貌不驚人、矮小、塌鼻的老頭兒，一直是我夢寐以求、可望而難即的理想。

尼采和沙特，是存在主義的重要人物。存在主義是我離開了大學以後才接觸到的哲學思想，可以說大大的開了我的眼界。在這裏只介紹這兩位大師，至於存在主義的思想，也就留到第二部分再討論了。

韋根思坦也是我大學畢業後才「發現」的哲學家。一個偶然的機會，我看到他的小傳，很喜歡他這個人，於是找他的哲學著作來看，一看之下，反應是——「嘩！」他的看法我真是連作夢都未曾夢過，可是他一說來卻句句都深得我心，都覺得對極了。

羅蒂是近年來讀到，對我比較有啟發的幾個思想家之一。我在這裏介紹他，主要還是因為他來過香港，知道他的人比較多，對他的興趣也可能較大。

1

柏拉圖

1.1 巖洞裏面的囚徒

面牆見人影，真面固難知

清朝王國維（1877-1927）五古〈來日二首〉之二有下面幾句話：「宇宙何寥廓，吾知則有涯。面牆見人影，真面固難知。」我看這是借用柏拉圖（Plato 公元前 427-347）《理想國》（*The Republic*）裏面巖洞的比喻。有朋友問我那個比喻說的是甚麼？有甚麼證據說王國維的詩句源出那裏？

讓我先回答第二個問題。我沒有肯定的證據，但「面牆見人影，真面固難知」似乎在中國文獻裏面無所本。古籍中我想到和牆有關係的就只有《論語・陽貨》：「子謂伯魚曰：『女為周南、召南矣乎？人而不為周南、召南，其猶正牆面而立也歟？』」這段文字無論怎樣解釋，恐怕也和「面牆見人影，真面固難知」扯不上關係。至於會不會源自佛學的典

籍，我對佛學的經典認識有限，不敢隨意臆度。可是《理想國》裏面的比喻卻和這兩句詩非常吻合。對西方哲學有興趣的人鮮有未讀過《理想國》的，王國維大概不會是個例外，因此我認為這兩句詩是借用了柏拉圖的比喻。在下面我會把比喻譯出，作為對友人第一個問題的回答。看後讀者便可以裁定究竟我的推論是否合理了。

讓我們假想一群囚犯住在地下的巖洞，入口的地方雖然有亮光，但要通過一條長長的通道才可以下達洞底。這些囚徒從小便住在洞內，而且腳和頸都上了枷鎖，不能自由行動，甚至頭也不能隨意轉動、左顧右盼。他們只能看到正正在他們前面的東西。在這些人後面的上方有一把明亮的火炬。火炬和這些囚徒之間有一道矮牆，好像傀儡舞台，人可以躲在牆腳下面不讓人看見，然後把用木、石或其他材料造成的玩偶，有像人的、有像其他動物的，放在牆頂往來移動。這些操縱傀儡的人有說話的，有沉默的。洞內的囚徒，因為戴了枷鎖，看不見其他的人，也看不見背後的傀儡，只看到那些因着火炬的光而投射在他們前面牆上的傀儡的影子。操縱傀儡的人說話時所造成的牆上的回音，就好像影子自己的說話。……在這些囚犯的心目中，他們前面牆上的影子，就是真實世界。

上面這段描述巖洞裏面的生活的比喻，是不是和「面牆見人影，真面固難知」的意境非常接近呢？

柏拉圖這個比喻是要説明甚麼道理呢？柏拉圖認為人通過感覺所獲得的知識都不是真知識。因為真知識是應該永恆不變的，而我們感官所認知的世界卻是不斷在變。我們的經驗世界就只是傀儡在牆上的投影。傀儡本身已經不真實，他們只是模擬真實事物的玩偶，在牆上的投影更只是不真實的事物的影子——這就是一般人所以為的真實世界的本質。

我們常常喜歡説，你親眼看到了，難道還不相信？似乎親眼看到的便一定不會虛假。前一陣子和朋友吃午飯，座中有位國內來的著名學者大談特異功能。朋友指着我説：「他是不信特異功能的。」那位學者對我説：「要是你到國內來，親眼看看便不由你不信了。」我説：「就是親眼看到還是不信。」他不住搖頭，朋友也覺得我頑固。其實，我一點也不頑固。我看過很多所謂特異功能，不過我們稱之為魔術，而做的人也承認是假的，只是別人看不出端倪而已。柏拉圖也認為從五官獲得的印象，未必靠得住，只是真實世界的影子而已。

如果連自己親眼看到的都懷疑，那麼甚麼才值得相信呢？甚麼才是真實的呢？首先，讓我們再深入一些看看，眼見的是否都是真的。舉個淺顯的例子：我前面的書桌，桌面是長方形的。但是我所看到的桌面，差不多從不是長方

形的，絕大多數的時間，看上去只是平行四邊形——換言之，桌面的四個角，很少看起來是直角的。要看到桌面是長方形，我們必須在桌面正中央的上面，居高臨下地看，而且距離也不能太近或太遠。所以書桌面是長方形這一個事實，絕不是因為我們看到它是長方形，而是基於其他的原因。夜空上的點點繁星，我們現在知道絕大部分是離我們很遠很遠的恆星。這些恆星是球狀的，往往比我們住的地球大上不知多少倍。這也不是我們「看」得到的。我們看到的星只是比我們的指頭大不了多少，在黝黑的夜空上，一閃一閃的點點亮光。因此眼見的未必是事實，在求知的過程中，我們需要跳出五官感受到的那些經驗的框框。

古希臘有一位名叫亞歷西米德（Anaximander 約公元前610-546）的思想家，他認為宇宙萬物都是由一種我們感受不到的基本元素構成的，他稱之為「無限」。在西方史上，他是第一位叫我們掙脫感官經驗的束縛，要我們相信「理知」，接受一些經驗不到的事物。這是個非常重要的突破，把我們的知識範疇擴大了千萬倍。因為這個緣故，亞歷西米德在西洋哲學史上永遠佔一席位。

那麼我們應該甚麼時候相信我們的感官經驗？甚麼時候拒絕？這卻是不容易回答，也不能訂下守則。在這裏暫且下個結論：眼見的不一定都是真的，這是柏拉圖《理想國》巖洞的比喻其中一個教訓。尋求知識有不同的途徑，經驗只是其中的一條，理知也是其中的一條。從柏拉圖其他的

著作看去，他認為從理知求得的知識比從經驗取得的要更可靠。

巖洞的比喻

關於柏拉圖巖洞的比喻，上面説到住在巖洞裏面的囚徒，被枷鎖束縛，只能看到前面的牆和身後的傀儡投在牆上的影子，這就是他們所知道的真實世界。下半段的比喻又説了些甚麼呢？

假設除去其中一個囚犯的枷鎖，逼他站起來，並讓他轉過頭來朝着光亮的地方走。他會感到痛楚，目眩眼花。雖然傀儡牆上的投影他已經看了一輩子，可是對着這些傀儡的本身，卻沒辦法看得清楚。如果告訴他，現在這些東西才是實物，他以前所見的只不過是這些東西的影子，他會感到迷惑，反而覺得還是以前看到的影子更真實。

如果再進一步，逼令這個再不受枷鎖束縛的囚犯望着那光亮的火炬，他的眼睛就會感到刺痛，他會千方百計要掉過頭去看他習慣了的陰影，認為影子才是真實。倘若強行把這個囚徒拖着向上走，走到洞外陽光普照的世界，那他就更感到痛楚和惶惑了。燦爛的陽光使他根本睜不開眼，就是勉強睜開了，也看不到別人告訴他的比傀儡更為真實的事物。他必

須慢慢習慣這樣的光明，然後才可以看到洞外的世界。開始的時候，還只能看到一些影子，漸漸可以看水裏的倒影，再進一步分辨清楚各種不同的事物，又能夠仰觀夜空上的月亮、星辰。最後，甚至在白晝也可以逼視太陽，研究太陽的功用和運作，知道一年有四季都是因太陽而有的；我們看得見其他東西也是因為太陽的亮光；洞外世界的事事物物是洞內所見的影子的根源、基礎。當他想到以前洞內的生活，他可憐那些尚未能離開的舊侶，慶幸自己的運氣，再也不願回到洞裏過以前的生活……

倘若他有機會再回到地洞裏去。因為突然從光明轉到黑暗，開始的時候他又甚麼東西都看不清楚了。假使有人問他有關牆上影子的事，他可能還比不上從未離開過地洞的囚犯說得那樣明白。他便成了洞中眾人的笑柄，認為外面的世界損害了他的視力，所以千萬不要走到洞外去。當有人要領他們棄暗投明，走到洞外的世界去，他們反而會覺得這個人存心害他，憤然要把這個人殺掉。

巖洞的囚徒生活就像我們的經驗世界。……向上行，到洞外的世界就像我們的精神向上提升到理性的世界。……在知識的世界裏面，最難明白和最終才能領悟的就是美善這一個理念。（這就像比喻裏面的太陽，）是一切善和美的根源，……如果我們沒有

美善作為我們的目標，我們的行動，無論對己對人，都不會是有智慧的。

根據柏拉圖巖洞的比喻，我們從經驗得來的知識，就像巖洞裏面的世界。道聽塗說的耳食之言就像牆上傀儡的投影，只是模擬真實世界的仿製品的再模仿，和真實隔了兩重。這些道聽塗說不只是街頭巷尾的是是非非、無根的謠傳；傳統的信念、權威的論說，只要是未思考過、未求證過便接受的，全都歸入這一類。

至於從個別經驗得來的知識，就像觀察傀儡本身得來的知識。這雖然比「面牆觀人影」高了一籌，但距離真面目仍然很遠。因為這些個別的經驗是因物而異，因時而異，缺少了知識所應該具備的普遍性。舉一個例，我們知道一個直角三角形如果夾着直角的兩邊的長度，一邊是三，一邊是四，那麼斜邊的長度便是五。這是從經驗得來關於某一直角三角形的知識，若換上另一直角三角形，夾着直角兩邊的長度不是三和四，便算不出斜邊的長度。因此這知識不是有關所有直角三角形的知識，用柏拉圖的術語，不是有關直角三角形理念的知識，層次便低了。

根據柏拉圖，經驗世界的事物只不過是理念世界事物的仿製品，真正的知識必須是關乎理念的，也就是適用於一切模仿這個理念的具體事物。巖洞外的世界代表了這個理念世界，觀察洞外世界的事物所得來的知識才是真實的。這

種觀察是理知的掌握。譬如畢達哥拉斯定理，直角三角形中夾着直角兩邊的平方和等於斜邊的平方，那是適用於所有直角三角形，也就是理念，這比前一段有關某一直角三角形的知識高了一層。這條定理不是從經驗歸納得來的，而是用理知證明出來的，理念是要靠理知去認識的。

不過，這些知識不是絕對的，仍然有它們的前提和假設。絕對的真理是不必倚靠其他的事物和理論而存在的，這就像巖洞比喻裏面的太陽。太陽是一切事物存在的基礎，沒有了太陽，世界上一切的事物都不存在。根據柏拉圖，最高層次的知識，就是認識這個太陽——絕對的真，絕對的善，絕對的美。這知識是純理性的認知，不包含任何感官的經驗在內。

柏拉圖承認這種絕對的知識只是一個理想，人類這個有限的心靈和智慧是掌握不到的。雖然如此，認識這個太陽，了解這個太陽，依然是我們求知的目標。如果放棄了這個理想和目的，知識的追求也就失去了方向，我們就會一輩子坐在洞底，對着牆上的影子以為這就是宇宙的真相。

柏拉圖看教育

柏拉圖巖洞的比喻除了告訴我們他對知識的看法，還有另外一個重要的意義：

　　有些人告訴我們，他們可以把知識傳授予人，就像把知識放進學生的心靈。如果（巖洞比喻的喻意）是對的話，這教育的觀念就必須揚棄。我們不能把知識塞進學生的心裏，就如我們不能把視覺放進瞎子的眼睛一樣。

　　從以前的討論我們便知道認知的本能是與生俱來，人人都擁有的。幫助一個人求得真知識，就只是把他的視線轉向光明。很多時我們必須把他們的身體整個都轉過來（他們才能夠看到我們要他看到的），求取知識也是一樣，我們必須把人的心靈整個轉過來，不讓他們只看着這個幻變無常的世界，幫助他們面對永恆的真實世界，並且使他們逐漸習慣這光明，直至他們能夠正視絕對的美善。

　　這種轉動心靈的工作是需要特殊的職業訓練，才可以幹得好、幹得快，容易成功。這種工作不是使瞎子看得見，（如果他們是瞎的，那就束手無策）只是使本來看得見的，向着正確的方向去看而已。

從這番話，我們可以看到柏拉圖教育的理想，填鴨式的教育是絕對要不得的。我們對人必須要有信心，倘使人缺乏分辨是非的能力，教育是無能為力的，也無從下手。我們應該堅持一個信念：人是懂得分辨是非、善惡，而且知所選擇的。人的愚頑、無知，完全是因為他們的心靈受了各樣的束縛，只能朝着一個方向去看。這些束縛可以是傳統

的教條，可以是權威的理論。教育並不是給他們換上新的教條、新的權威，而是替人掙脫這些枷鎖，使他們的心靈能夠自由活動。

隨着自由而來的往往是困惑、惶恐、無措；面向真實有時會帶來苦痛、無奈。因此被釋放的人未必感謝他們的釋放者，反而會覺得他擾亂了他們的安寧和平靜。蘇格拉底（Socrates 公元前 470？-399）的下場就是一個好的例證了。

雖然如此，柏拉圖依然鼓勵那些到過洞外的人再回到洞內：「因為我們必須為整體謀福利。……當到過洞外的人重新回到洞內，雖然開始的時候不習慣，只要他們再習慣洞內的生活，他們對影子便解釋得十分清楚，因為他們了解這些影子是甚麼東西的影子。他們能夠把洞內人喚醒，使那些人不再生活在夢中，以傀儡投射在牆上的影子為真實，也不再為這些虛假的事物爭個你死我活。」

教育只是除去人心靈的枷鎖的工作，教育不是多加一些束縛，或者換上一把新鎖，這是巖洞比喻最重要的信息。

1.2 回憶論

一切學習都只是回憶

哲學家的話，從表面看去，有時荒謬得很，但如果肯深入的看一看，了解說那些話背後的原因，和它所要回答的問

題，便會有不同的印象。也許我們依然不同意他的話，可是起碼對他要回應的問題，會感到興趣，覺得有意思。自己也就被激發去思想、反省、尋求答案。

舉一個例，柏拉圖哲學裏有一個叫作「回憶論」的說法。他認為在這個世界裏面我們是不能學到任何新知識的。我們所學到的，以為是新的，其實都是在未出生以前，在另一個生命裏面，已經經驗過、已經懂得的，只是在生到世上來的那一刻便忘記得一乾二淨。世上的老師，沒有一個可以傳授給我們新的知識，他們只是幫助我們回憶我們在以前生命裏面已經知道、已經明白的事而已。

柏拉圖的「回憶論」是在他的對話錄《美諾》（Meno）裏面提出來的。《美諾》記載蘇格拉底和美諾討論究竟美德是不是可以傳授的。美諾提出了幾個意見，經蘇格拉底的分析之後，都站不住腳，美諾有點捺不住性子，賭氣地說：「如果我們對一件事一無所知，根本就不能尋找這件事物。我們怎能以一件毫不認識的事物作為尋找的對象呢？因為縱使真的面對面遇到這件事了，（我們既然對它一無所知，）也不會知道已經找到答案。」簡單來說，如果你從未見過我，又怎能找到我呢？因為縱然你碰到我，你也不曉得碰到的就是我。

美諾這個今日看來有點取巧的詭辯，蘇格拉底卻把它看得相當認真，而且好像把這個詭辯當作很有理。他對美諾的答覆就是上面所述的「回憶論」。蘇格拉底說：「我聽到祭

司曾經這樣說過。……人的靈魂是不朽的，因此（在今生之前）已經活過很多次，經驗過所有的事物，包括這個世界上的和其他世界裏的。因此人能尋得（他所不知的）答案毫不奇怪，因為他本來就已經曉得這個答案的了。……人如果能夠想起一個答案，也就能夠想起所有的答案，只要他有毅力和恆心。一切的追尋和學習，其實只不過是回憶而已。」

柏拉圖以後再沒有提到這個「回憶論」。研究柏拉圖的學者相信柏拉圖年老時計劃寫一本題名《哲學家》的對話錄，可是未有實現。我們有證據顯示，要是寫成這本對話錄，「回憶論」是一個重點。柏拉圖到老都沒有放棄這個理論。

柏拉圖的「回憶論」要我們相信在世上的一切學習都只不過是回憶，要我們接受在這個生命之前，我們還有其他的生命，簡直是荒謬，絕對不能同意。

為甚麼這麼偉大的一位思想家，竟然會生出這樣不合理、這樣荒誕的理論呢？讓我們看看柏拉圖提出「回憶論」的理由。

洛克（John Locke 1632-1704）曾經說：「人的心靈像一份空白的表格，透過經驗才一項一項地填滿。」洛克雖然距離柏拉圖二千年，他的話大概柏拉圖也可以認同的。換言之，柏拉圖、洛克和一般人都同意知識的來源是經驗，沒有先天存在的知識，也不相信啟示。

可是，我們有很多的概念是在經驗世界裏找不到相應事物的。比如：飛虎、美人魚。世界上沒有飛虎也沒有美

人魚，那麼這些概念是怎樣來的呢？哲學家告訴我們這些在經驗世界裏找不到的概念都是合成的概念，而不是簡單的概念。

　　合成的概念就是由不同部分組成的概念。每一個組成部分都是一個獨立的概念。比如：飛虎就是由老虎和翼組成（細分之下，老虎也是由很多簡單的觀念組成的，如顏色、形狀等等）。這個合成的概念可能在經驗世界裏面沒有一件實物和它對應，但每一個組成部分都有和它對應的實物。這些組成部分的概念便是從經驗而得的。雖然沒有飛虎，但我們見過老虎，也見過翼，也知道飛行是怎樣的動作。把這些從經驗而來的不同觀念，用想像力連結在一起，便生出了經驗世界裏面沒有相應事物的概念來了。

　　簡單的概念就是沒有組成部分的，譬如：紅、黃、藍這些原色（有人認為綠色也是合成的概念，因為是由黃與藍合成的），甜、酸、苦、辣這些味道等等……

　　一切簡單的概念都必須從經驗而來。複雜的概念可以從經驗而來，也可以靠想像把一些簡單的觀念組合而成。可是無論一個人幻想力怎樣豐富，都不能靠想像得到任何簡單的觀念。也就是說，所有從想像而來的都一定是合成概念，而那些組合部分如果是簡單的概念的話，便一定來自經驗。沒有任何簡單的觀念是人的想像力可以創造出來的。

　　柏拉圖大概同意上述的看法，這就是他不得不接受「回憶論」的原因了。

「回憶論」的理由

　　柏拉圖重視數學。數學裏面的基本觀念很多都是簡單的觀念，也就是說沒有組成部分。譬如，「圓」這個概念，就是一個好例子了。既然是個簡單的觀念，就應該來自經驗。然而大家都知道，世界上沒有絕對的，就是說沒有完全符合數學定義的圓形。我們看到和經驗到的都是不完全的「圓」，嚴格來說，都不是「圓」。所以數學上「圓」的概念，一定不能來自經驗。

　　或者，有人說：「你錯了，『圓』並不是個簡單的觀念。『圓』在數學上的界說是：『一個動點和一個定點保持相等距離移動的軌跡』。據這個界說，『圓』的概念是由：點、定、動、相等、距離……這些簡單概念組成的合成概念。」說得有理，我們姑且承認「圓」是合成概念。那麼「相等」這個概念又如何呢？「相等」是不是一個簡單的概念呢？有甚麼組成部分呢？和「圓」一樣，我們應該明白，在經驗世界裏面沒有任何兩件東西是完全相等的。那麼「等於」、「相等」這些觀念又怎樣產生的呢？

　　面對很多基本而又簡單的數學概念，而這些概念似乎沒有現實世界相應的事物，柏拉圖便陷入兩難之間了。一就是否定一切簡單概念必須來自經驗，那就是接受先天存在的知識，或者知識來源可以是上天的啟示；另一條出路就是堅持一切簡單概念都來自經驗的原則。既然，在這個世界裏

面沒有和這些數學概念對應的事物，那麼人一定在另一個世界裏經驗過這些事物。無論怎樣選擇，都有一些難以接受的後果，兩害相權取其輕，柏拉圖寧願選擇後者，也不肯放棄經驗為知識唯一來源的信念。

當我們這樣了解「回憶論」的時候，「回憶論」便不再荒誕了。我們並不因此便接受「回憶論」，但這樣的探索激發我們去反省「一切知識都從經驗而來的」這一原則。本來我們以為是天經地義的，原來卻有如斯困難。

柏拉圖「回憶論」所解決的問題，千百年來都沒有人提出過更好的答案。不少哲學家只是把這些難題視作不存在。直到康德（Immanuel Kant 1724-1804）才提出了另一個——一般人都以為比柏拉圖好的——答案。

唸哲學不應藐視荒誕的理論，應該尋求了解提出這些理論的原因和希望解決的問題，那麼荒誕便變得趣味盎然了。

2

尼采

2.1 輪迴

尼采的輪迴——有限的事物，無限的時間

提到輪迴，我們便馬上想到佛教。其實西方的思想也有輪迴之説。譬如柏拉圖在他的對話錄《美諾》裏面説今生的一切學習只不過是前生已經知道的事情的回憶，就明顯表示他相信輪迴。然而柏拉圖所以接受輪迴的思想，並不是因宗教的情操，而是為了解決一些知識論上的問題。

另一位相信輪迴的西方哲學家是尼采（Friedrich Nietzsche 1844-1900）。在他的哲學裏，這個接近輪迴的理論稱為：「永恆的再現」（Die Ewige Wiederkehr des Gleichen），第一次出現於他一八八二年出版的《輕快的科學》（Die Fröhliche Wissenschaft）一書之內：

　　假如某一天，或某一個晚上，惡魔偷進你最孤獨的孤獨之中，對你說：「你現在過着的，和你以前過的生活，你要再過一次，以至無數次。裏面甚麼新鮮的事物都沒有。你今生之內每一個痛楚，每一個快樂，每一個思想和感嘆，每一件事情或大或小，你都要按着同一的次序再經歷過——包括這隻蜘蛛、這透過樹隙的月色、這一剎那，和我這個惡魔。永恆不變的生活沙漏，一次又一次的倒轉，而你就是其中一粒微塵。」你會怎樣呢？

　　你可會匍匐於地，咬牙切齒地咒詛帶給你這麼一個訊息的惡魔？抑或你會覺得這是最偉大的一刻，回答說：「你是真神，我從來未曾聽過這樣神聖的話語！」如果你讓這個思想擁有你，你便會被改變，或者被粉碎。每件事物都會向你發出同一個問題：「你要不要多一次，以至無數次經歷這同樣的事物？」這個問題便成了你的行為最沉重的負荷。你究竟可有準備好你自己和你的生命去追尋——比追尋任何其他事物更熱切的追尋，這個終極和永恆的肯定和印記呢？」

　　尼采非常重視這個「再現」或者說「輪迴」的思想。他相信無可避免地，我們要經歷一次又一次，以至無限次和今生一模一樣、絲毫不變的生活。在尼采而言，這不是信仰，

而是可以證明的真理。怎樣面對這個真理，成為尼采的巨著《沙拉圖士查如是說》（*Also Sprach Zarathustra*）的中心思想。

尼采在《輕快的科學》一書裏面第一次提出「重現說」，他安排這個理論出自惡魔之口的。雖然如此，他非常重視這個看法，並且認為是真確無誤：人的確要反覆經歷和今世一模一樣的生活，一次又一次，無窮無盡。

尼采這個輪迴的想法，不少學者以為是受了他所喜歡的詩人海涅（Heinrich Heine 1797-1856）的啟發而產生的。尼采的藏書中有一冊海涅死後才出版的《海涅最後的詩作及思想》（*Letzte Gedichte und Gedunken von H. Heine*），裏面有以下的一段話：

> 她用溫柔的聲音回答道：「讓我們做一對好朋友吧。」親愛的讀者，我在這裏告訴你們的，不是昨天的事，也不是前天的事。……時間是無窮無盡的，然而在時間內發生的事情，存於時間內的具體事物卻是有限的。雖然世上的物體的確有時會散成微粒，但這些所謂原子的微粒數目依然是有限的。由這些微粒合成的各種組合的數目也是定數。在無窮的時間裏面，這些有限的原子，循着宇宙永恆不變的定律而形成的組合必定會重現。一切曾經存在過的組合必定會重新相遇、吸引、排斥、擁吻、腐化，一次又一次。因此，必定有這麼一天，一個和我一模一樣

的人再出生；一個和瑪麗一樣的女人也同樣會再出生。我只希望像我一樣的人有個比我聰明的頭腦，他們相遇的地方也比現在的更美好。他們一同思索了一段長時間，然後女的向男的伸出手來，輕柔地説：「來吧，讓我們彼此作好朋友！」

海涅這段話沒有尼采的嚴肅，內容卻是差不多。他還提出了世事必定會重複出現的理由：有限的事物在無盡的時空中定必會不斷地反覆出現。雖然他的語調並不太認真，似乎只是詩人的幻想。

當尼采受了海涅的啟發提出他的輪迴説的時候，他可是頂嚴肅的，認真得我以為他不會接納海涅的希望：男的聰明一點，見面的地方美好一點。今天一切發生的事，在尼采看去，總會絲毫不變地重現。因為尼采毫無保留地接受了海涅的論證。有限的事物，有限的組合，在無窮無盡的時間裏面，必定會反覆出現，再沒有其他的可能，輪迴是鐵一般的事實。

日光底下無新事

輪迴在尼采看來不是宗教信仰，而是鐵一般的科學事實。宇宙中所存的物質有限，又不會產生新的物質，而時間卻是無窮無盡，這兩個事實一合起來，歷史上的人和事反覆出現，是不能避免的結論。倘若我們真個明白這個必然

的事實，我們對人生的態度便必須改變。

尼采對輪迴第一個反應是驚惶。一八八二年一月，他還在撰寫《輕快的科學》，在一封給他的摯友及門徒彼德·伽思德（Peter Gast）的信裏面，他說：「我還未夠成熟去把書（《輕快的科學》）裏面的基本觀念公諸於世。特別是其中的一個觀念（指的是輪迴），真的需要上千年才可以叫人明白。我從哪裏可以找到宣佈這個觀念的勇氣呢？！」

在《沙拉圖士查如是說》一書裏面，尼采屢屢提到輪迴的理論，每一次都給他帶來極大的震撼。在他這個時期的札記裏面，有如下一則：

> 我不想再一次要生命了。（請留心：「再一次」這個詞。）我怎能忍受它呢？創造！甚麼力量幫助我敢於正視它呢？看到超人怎樣肯定生命！我也曾自己嘗試過去肯定它──啊。

研究尼采的權威郭富曼（Walter Kaufmann 1921-1980）說：

> 尼采的（輪迴說）非常複雜。任何人要明白這個理論必須知道：（一）他最基本的反應是世界上再沒有比這個更可怕的理論；（二）他認為這個是最合科學的理論，如果因為它可怕而拒絕接受便是懦弱；（三）他發現可能有方法幫助我們去忍受這個理論，甚至使它變得美麗動人；（四）他試圖給予這個理論

正面的意義。不用說，不同的人對輪迴說都會有不同的偏重，提出不同的解釋，但無論甚麼解釋如果沒有顧及上述四點中的任何一點，再好不過也只是一曲之見，往往更是對尼采哲學的重大扭曲。

為甚麼輪迴引起尼采這樣大的驚懼呢？因為這表示人的歷史如基督教《舊約聖經‧傳道書》所說：「已有的事後必再有，已行的事後必再行，日光之下並無新事。」我們所謂理想，所謂進步，要建造甚麼美好的將來，都只是子虛烏有、自己欺騙自己的美麗的謊言。在沒有理想、沒有希望、沒有將來的世界裏面，我們怎樣生活下去呢？這便是使尼采戰慄不已的問題。

2.2　跳出輪迴

對尼采「輪迴說」的反應

究竟支持尼采輪迴說的理據是否充分呢？二十世紀初德國人喬治‧西姆爾（Georg Simmel）便認為理據不足，不能成立。他指出把三個車輪上的各一點，排列成一直線，然後一個車輪以 N，一個以 2N，而第三個以 N/π 的速度運轉，這三點永遠不會再同在一直線上出現。西姆爾這個運算說明了：有限的物質（三個車輪），就是給予無限的時間，在一些特定的規則下，有些特殊的組合是永遠不會重現

的。尼采的輪迴，建基於在無限的時間內，有限的物質的任何組合必定會重現，西姆爾的例子便推翻了尼采的輪迴說。我不是學數學的，不能驗證西姆爾的演算，不過他的論文既然被學術界接受，又輾轉抄錄，大概是正確的。其實不需西姆爾的數字證明，尼采的證據確是有問題的，而尼采自己也知道問題在哪裏。

很多人已經指出過，西姆爾的演算是基於一些特定的規則——三個輪分別以特定的速度運轉。如果組合是隨意的（by random），尼采的結論仍然成立。這個辯論為我們提供了解決輪迴的一個方法，而這個方法，在尼采看來，應該是使生命更動人、更有正面價值。

在仔細的思索下，我們發覺除了有限物質、無限時間這兩個前提外，尼采的輪迴說還需要另一個前提——隨意的組合。有限物質只是表示可能的組合也是有限的，但並不表示，所有這些可能組合在無限的時間裏必定重現。如果我們可以控制的話，我們可以不讓某些組合出現。

舉一個例：象棋的開局方法是有限的，然而在有限的方法內有些是用不上的，比如上士，把將帥移前一步，或把砲後移一步，沒有人會選擇這樣的開局。如果象棋開局只是在所有可能的方法內隨意抽選，那麼每一種方法的出現都有可能，在無限的時間內，每個方法都會不斷重複出現。可是由一個有理智、有象棋常識的人來控制，一些象棋的開局方法是永不出現的。這並不是說我們可以使不可能的事發

生，只是說我們可以不讓某些可能的事情發生。

聽到惡魔的話，便被輪迴嚇得匍匐於地的人，恐怕是未曾明白上面所說的道理。

尼采的輪迴說只在不受任何控制、完全無規則的隨意組合下才能夠成立。因此，對認為人無能力安排自己命運的人，聽到惡魔的「永恆地重現」一說，只要肯思想，定必會戰慄得匍匐於地，不能仰首。然而，在《輕快的科學》一書，尼采清楚指出，有人會認為聽到輪迴一說，是生命中最偉大的時刻。他們會欣喜地回答：「我從來沒有聽過這樣神聖的話語！」究竟甚麼人會如此回答？甚麼人會展開雙手歡迎這個輪迴說？為的又是甚麼原因？

要回答這個問題，我們需要知道尼采輪迴說的哲學目的。尼采「永恆之重現」一說目的是幫助我們擺脫虛妄的希望。他認為人如果寄望於將來會出現一個與我們所知道的迥異其趣的理想世界，那是一廂情願的妄想。所以他屢次說：「超人是忠於地球的人。」今日我們所有的，在我們手中的，就已經窮盡了一切可能的理想。如果摒棄了現在有的，我們便再也沒有素材或憑藉來建立任何理想了。

不只如此，世界的進步不是直線的。在將來並沒有一個預設的終點──所謂理想世界。倘使我們不自己執掌控制權，駕馭自己的命運，世界就只能繞圈子。而駕馭命運也只是把我們的生活和世界穩定在我們選擇的可能上。如果再用象棋開局的例子，一切可能的開局方法我們都已經知

道。以後再也沒有新的，比我們所知的更好的開局方法。假若我們放棄思想，任由或然率支配，那麼種種不同的開局方法，或好或壞，便會反覆出現。我們應做的、能做的，就是不被或然率支配，自己決定用合理、良好的方法開局。

生命和象棋開局不同的是：開局的方法有限，而且數目很少，我們可以說所有可能都已完全知道。生命的方式雖然也是有限，但沒有人能說全知道。尼采的意思只是：我們不應對生命存有超地球的幻想。

輪迴說幫助我們認識甚麼是虛妄的幻象，使我們腳踏實地。雖然有些理想似乎使我們愉快一點，生活好像有意義一點，但如果這些快樂和意義只是以虛謊為基礎，那便毫無價值。輪迴說叫我們正視有限物質也就是有限可能，如果任其自然，一切就只能不斷繞圈，使我們能循此事實去調整對生命的態度，實事求是，那就是輪迴說的正面價值。

肯定現在——演員的態度

尼采的輪迴說是要幫助人掙脫虛妄的希望。這個世界，當下一切我們所有，也就是我們所能有。把生命建立在超地球的理想上，是一廂情願、怯懦的虛謊。理想的世界就是今日的世界，也只能是今日的世界，關鍵是我們怎樣看待這個世界，把它轉化成理想。

輪迴——歷史永恆的重現是我們人生態度的試金石。

　　有人這樣説過：「過了四十歲的人，回顧他的一生，如果不覺得有甚麼值得遺憾的地方，那麼他不是天才，便是傻瓜。」我看這就是輪迴的另一個意義。你有沒有勇氣接受今日的世界不斷地反覆重現？輪迴對你來説是不是勝利？因為你已經把你的生命和世界穩定在你所要的一點之上。今日世界的重現是一次又一次宣佈你的勝利，一次又一次呈現你的理想；抑或是噩夢，不斷的提醒你的失敗，不斷的逼你重溫理想的破滅？

　　尼采説：「甚麼力量幫助我敢於正視輪迴呢？看到超人怎樣肯定生命！我也曾嘗試過肯定生命，——啊！」超人回頭觀看他的過去，檢察他的現在，他都欣然肯定這是最好的。如果要他從頭再來一次，他不會改變他生命的一絲一毫。我們能否作同樣的肯定？抑或在嘗試之餘，只能發出尼采的「啊」——一聲嗟嘆？

　　康德的道德哲學提出了驗證道德行為的一個方法：如果我們的行為，只是把其他人當成手段，而沒有把他們同時看成目的，那麼我們的行為就是不道德的。人有他本身的價值，不能只視作為我們服役、替我們達成目的的工具。這在哲學上是稱為「定言令式」（Categorical Imperative）。

　　尼采的道德哲學其中重要的一環也有點類似康德的「定言令式」：我們不應該把現在只當成將來的手段和工具。套用陶淵明（365-427）一句話：不應以現在為將來的僕役。每一個現在必須同時是目的、有獨立存在的價值。

　　輪迴說驅使我們問：假如今日不斷地重現，今日有沒有
價值？脫離了明天的今天，和將來隔絕了的現在是不是空虛
的、失色的、黯然無光的？如果我們敢肯定這樣的今天、這
樣的現在，那我們的存在是道德的、是正面的。這樣看輪
迴說，便把這個理論變得精彩動人，怪不得有人會說：「我
從未曾聽過比這個更神聖的話語」了。

　　肯定沒有明天的今天，沒有將來的現在是存在主義哲學
的重要主題，第一個提出這主題的是尼采。這個理論說起
來容易，行起來可困難。我們對生命的態度往往是建立在
希望和理想上面。很多人認為沒有希望，也就是絕望，絕
望的生活是生不如死，是活地獄。

　　我們都明白活在過去的回憶裏面是愚蠢的，然而活在將
來的希望當中也不見得聰明。西諺說：「一鳥在手勝二鳥在
林。」現在是最真實的時刻。過去是不可留的昨日之日，而
將來是不確定的明日之時。在這難留與不確之間的現在才
是最確實的剎那。為了昨日之累，或者明天之夢，而犧牲
了最實在的當下是非常不智的。就像放棄了已經在手中的
鳥，去捕捉在樹間飛翔的雀。尼采要我們把今日和昨日、
明日都割斷開來，學習怎樣生活在現今裏面。

　　在他的札記中，尼采說：「我怎能忍受（這一次又一次
重複的生命）呢？創造！」尼采建議的方法是創造。但如果
歷史不斷的再現，人又怎能創造呢？到底面對永恆的再現，
人怎樣創造呢？

　　人生如舞台。我們都是在台上演戲的演員。演員怎樣演戲？他們能否有創意？名莎劇演員，演了上千次的羅蜜歐，他怎樣忍受這個角色？他一踏上舞台就知道他一定不能和茱麗葉同偕到老，無論他怎樣努力也都必然是徒勞無功。每一晚演出，都是唸同樣的台詞，而且還是順着同一次序。每個動作，一顰一笑、一舉手、一投足都已經重複了千百次。這些演員從哪裏尋到滿足？

　　演員的滿足來自當下，來自演出的那一瞬。他們的動作，他們的說話並不是為了達到某個目的的手段，這些動作和話語的本身便是目的。演員就是這樣肯定他們在台上的生命。好的羅蜜歐並不是得到茱麗葉的羅蜜歐，不是每天晚上給我們不同台詞的羅蜜歐。他重複他的動作、他的台詞，也重複他的結局。但在這重複當中，他每一次都重新肯定他的動作、他的說話。

　　縱使生命是不斷的重現，我們作為人生的演員也不見得活得沒意義。輪迴的咒詛，也許靠着演員的態度便可以轉化成祝福。

3

韋根思坦

3.1 天才與傻瓜

「請告訴他們（指的是他的摯友），我這一生是美妙的。」這是韋根思坦（Ludwig Wittgenstein 1889-1951）臨終前最後的一句話。韋根思坦是大眾公認二十世紀最有影響力的幾個哲學家之一。在他誕生的一百周年，他原籍的奧地利，為他發行紀念郵票，並舉行一些紀念活動；也讓我們在這裏，一起看看他那美妙的一生，試在其中取得一些啟發。

韋根思坦，一八八九年四月二十六日在奧地利的維也納出生，共有五兄弟和三姊妹，他排行最小。父親是鋼鐵業鉅子，家境富有，在文化界，尤其是音樂界有相當大的影響力。五兄弟中，除他以外，哥哥保羅是世界著名的傑出鋼琴家，在第一次世界大戰喪失了右手，戰後仍然繼續他的演奏生涯。著名的拉維爾（Maurice Ravel 1875-1937）和普哥菲爾夫（Sergei Prokofiev 1891-1953）的左手鋼琴協奏曲，就是

為他而作的。韋根思坦本人，多才多藝，哲學方面的成就容後再論；而音樂方面，也造詣甚深，一度有志充任交響樂團指揮。但他中學畢業後卻選擇進修航空工程。一九一一年到英國研究飛機噴射推進器的設計。那時，飛機剛發明不久（林白也要到一九二七年才駕機首次橫渡大西洋），他已經能參與這樣尖端的研究，顯見他在這方面是有過人才華。一九二六到二八年，他為他姐姐設計並建築了一幢房子——全用鋼筋、水泥、玻璃建成，線條樸素、簡單，和今日的「現代」建築相類，可是在二十年代卻是遠走在時代的前面。這幢房子，今日還在維也納，且完整無缺，稱為「韋根思坦房子」（Haus Wittgenstein），雖然現在當了保加利亞使館，還繼續讓人參觀。

　　韋根思坦研究哲學的經過是這樣的：研究噴射推進器的設計和數學有很大的關係，韋根思坦的興趣就逐漸移到數學去了。慢慢為了要徹底了解數學，他開始探究數學的基礎。當時在這方面研究最著名的是費格爾（Gottlob Frege 1848-1925）和羅素（Bertrand Russell 1872-1970）。羅素在劍橋任教，一九一二年韋根思坦就到劍橋跟羅素學習。

　　在劍橋的三一學院唸完了第一個學期，韋根思坦走去見羅素，劈頭一句就問他：「你看我究竟是不是個大傻瓜？」羅素說：「你為甚麼這樣問呢？」「因為如果我是個笨蛋，我便回去唸航空工程；倘若不是，那我便唸哲學。」韋根思坦回答。羅素請他在假期內寫點和哲學有關的東西給他看一

看，然後才回答他的問題。韋根思坦在第二個學期開始的時候，果然交給羅素一篇短文，羅素後來對人説：「我只看了他寫的第一句，便確信他是個天才。因此，他是絕不該繼續唸航空工程。」韋根思坦就是這樣走進了哲學研究的大門。

韋根思坦研究方向的轉變，是近代飽受實用、功利思想影響的人難以明白的。今日只有唸哲學、文學的人改唸商科、工程，哪有放棄航空工程去研究既不實用、又不能賺錢的勞什子哲學？！可是韋根思坦追求對事物徹底了解，要求明白事情的基本原則。實用科學只不過是原則的運用，未能滿足他的智慧。這種好奇、熱心和一絲不苟的求知態度就驅使他從實用科學轉到理論科學，再從理論科學轉到探究更基礎、更基本的知識。這種求知的態度是人類知識進步的動力，是高等教育所要培養、所要鼓勵的。希望韋根思坦求學的過程能幫助我們重新認清楚這一點。

欲善其事，先審其器

甚麼是人類最重要的發明？有以為是輪子，有以為是鑽木取火，我看語言文字要不是首選，也該有資格和任何其他的事物爭奪這個榮銜。如果人類果真有幾十萬年的歷史，最近這五、六千年進步的速度和幅度，較之以前的數十萬年，可以說是驚人。為甚麼呢？因為發明了語言和文字。

其他的動物有沒有語言？我未深入研究過，不敢亂講話，但就是有，比起我們的是簡單得多了。文字呢？其他動物肯定未有，這就是我們比他們進步的原因。有了語言，我們可以和其他人交換意見，互通消息。有了文字，我們可以接受前人的思想並傳授後人知識。沒有語言、文字，知識不能積聚，及身而止，進步就自然緩慢得多了。可是對語言和文字，我們卻沒有怎樣仔細研究過。

語言是聲音，文字是符號，我們居住其中的世界卻是五花八門，千變萬化。究竟一些聲音和符號又怎樣代表這許多不同的事物，傳遞這種種繁複的感情？到底宇宙之內有沒有任何事情是語言文字所不能表達的呢？如果語言文字不能表達，有沒有其他表達方法？不錯，語言文字幫我們傳播、儲積知識，促進了人類的進步。可是這兩者自身可有甚麼局限？會不會影響我們對世界的認識？這又是一個怎樣的影響？打一個比喻：我們住在一所房子裏面，對外界的認識全憑一部十九吋的黑白電視機，那麼外邊的世界就只有黑白兩種顏色，外邊的人和物只佔有兩度空間，而且高度和長度不超過十九吋。可是這並不是外邊世界的真相，而是外邊世界受了溝通工具的局限的結果。語言、文字，究竟有沒有局限？有甚麼局限？比如，我們的知識都是直線的，從甲引出乙，因乙而生丙，丙又帶出丁。一步一步的推理，有條不紊，因果分明。這會不會只是因為語言文字最適合處理這種事物？甚或必得把消息改變成這種直線因果形態才能運

用語言文字作為傳達工具？對於同時發生的事情和其間複雜錯綜的關係，語文是件很笨拙的工具，還及不上一張圖片。音樂在這一方面也遠勝語言，好像在歌劇裏面，三四人合唱，從音樂裏面我們可以知道——誰悲、誰喜、誰憤怒、誰哀怨，光靠語言的話劇就辦不到了。用文字也有困難，往往要用「說時遲，那時快」、「話分兩頭」等詞語，而且仍有千頭萬緒、紊亂不清之感。到底這是真實世界的混亂，抑或工具應付不了而產生的混亂？這是應該仔細分析的。古語說：「欲善其事，先利其器。」對語言文字，我們要改一個字：「欲善其事，先審其器。」即是說必須研究一下這件工具。

韋根思坦的哲學就是在這方面下工夫。「語言和世界到底是怎樣的一個關係？語文怎樣幫助我們了解這個世界？」他認識到這問題的重要性，開了風氣，這就是他的偉大。

3.2 語言圖畫

韋根思坦曾經說過：「一個被哲學問題困擾的人就像被困在屋內，想出去，卻找不到出口。他想從窗口鑽出去，窗口太高，攀不到；想從煙囪爬出去，煙囪太窄，擠不過。其實只要他回過頭來看一看，大門原來一直是開着的。」這扇一直開着的門，就是語言的研究。韋根思坦深深相信所有哲學問題，都是因為我們不了解語言的功用、語言的局

限、語言和真實世界的關係而產生的。解決了有關語言的
問題，哲學問題就消失了，不用回答了。

　　一般人大抵都以文字為一些指示事物的符號。每一個
字都代表現實世界裏面的一件事物、一個動作，或一種關
係。「樹」指的是世界上的一種植物，「跑」指的是一個動
作，「左面」則是一種關係或方向。利用這些符號，我們
把現實世界的情事描繪出來。比如，我們看到一個紅衣女
郎，撑着一把傘，站在公園的一角。我們不能維妙維肖繪
出這個情景，於是我們說：「一個紅衣女郎，撑着傘，站在
公園一角。」用文字繪了一幅圖。韋根思坦在一九二二年出
版的《哲學邏輯論説》（*Tractatus Logico-Philosophicus*）內，
對語言文字的看法，和這個很相類。語言是由一些基本命
題組合而成，每一個基本命題就是用文字描繪現實世界的一
件事，或一件物。這些命題的真假決定於究竟現實世界之
內，有沒有和命題對應的事物存在。語言裏面也有一些詞
彙，並不代表真實世界的事物，只是顯示命題和命題之間
的邏輯關係，如：「假如⋯⋯就⋯⋯」、「或者」這些詞彙。
靠這些詞彙連在一起的基本命題的組合，他們的真假就是
決定於邏輯。沒有和它對應的現實世界的事物，又不能以
邏輯決定真假的命題，在語文上是沒有意義的（但不是沒有
功用）。哲學，特別是價值哲學，宗教裏面的命題，就都屬
於無語文意義一類，都是試圖解釋一些不可說的道理。哲
學、宗教就是要衝破語言的樊籠，達到不可說之境。換言

之，很多哲學上的問題，都是因為工具不合適而產生的。在這裏寫來看似簡單，《哲學邏輯論說》一書，牽涉範圍極廣，見解精深，在三、四十年代的英語世界，是哲學研究的主流。

韋根思坦於一九一八年把書寫成了以後，覺得已經把他要解決的問題都解決了。在哲學領域中，已經沒有可做的事，他就到一個小鎮當小學教員，後來更索性到寺院充當助理園丁。（他父親遺下給他可觀的遺產，他早就放棄了。因為他喜歡簡單的生活和真摯的友誼，認為財富對兩者都有妨害。）可是逐漸他又對以前的答案不十分滿意，到了一九二九年，他認為有重新研究這些問題的必要，於是就重回劍橋。從一九二九到一九五一年逝世為止，不惜以今日之我，批評昨日之我，對問題得出一個完全不同的答案。這第二個答案也就成了六十、七十年代西方哲學的主要流派。

3.3 語言遊戲

究竟甚麼是撲克牌裏面的紅心「10」呢？有人會說「這還不簡單？牌面上有十顆紅心那一張就是了。」其實，要解釋甚麼是紅心「10」，它形狀的描寫只是其中一個解釋，而且是不很重要的解釋。假若一副牌裏面缺了一張紅心「10」，通常我們可以用另一張——譬如一張「Joker」去代

替，或者找來一張黑桃「8」上面加一個甚麼符號去代替。如果樣子、形狀是最重要，上面替代的方法就行不通了。另外，要說明甚麼是紅心「10」，一定要搞清楚玩的是甚麼遊戲，玩「沙蟹」，玩橋牌，跟玩「廿一點」，紅心「10」都有不同的意義。要明白甚麼是紅心「10」，要緊的是了解紅心「10」在一個牌戲裏的功能和運用的規則。那怕只是一張空白的卡片，或一張「Joker」，只要它有紅心「10」的功能，使用的規則和使用紅心「10」一樣，它就是一張紅心「10」。懂得它的功能和使用規則的人，也就明白在那一個牌戲裏面，紅心「10」是甚麼了。語言、文字裏面的詞彙和語句的意義，不在它代表現實世界的哪一件物品、哪一些事情。我們用語言文字辦到不少事，達到很多目的，學習一種語文就是學習怎樣運用那些詞彙、語句，去辦事、去達到要達到的目的；換言之，就是學習怎樣玩語文這種遊戲。如果要用比喻去描述語文，說詞彙、語句像一幅幅圖畫，不如說它們像撲克牌裏面的一張張紙牌更合宜、更妥貼。這是後期（一九二九年後）韋根思坦對語文的看法，他這個理論見於他死後（一九五三年）出版的《哲學探索》(*Philosophical Investigation*)。

接納了這個革命性的理論，對很多問題都會有不同的看法。舉一個例：如果我們相信語文裏的詞彙是一幅幅的圖畫，那麼「決心」、「傾向」這些詞彙，在現實世界都是應該有對應的事物。可是我們在客觀世界裏面找不到「決心」、

「傾向」這些事物，因此我們認為他們是屬於內心世界的情事。不止內心世界，而且只是說話人的內心世界，只有他一個人可以經驗到其中的事物。但倘若接受了上述「遊戲論」的看法，這些詞彙不一定代表一種情感、一種事物，而是代表了用這個詞彙的人將會採取甚麼行為，希望他的朋友作出怎樣的反應，警告他的敵人不可做些甚麼事。用了「決心」這個詞彙，說話人不是描述他內心的感情，只是表示縱使遇到困難，他也不會輕易退縮。他將這件事放在首位，希望他的朋友盡量協助他成功。他把這件事看得很重，警告阻撓他的人將會受到他強烈的反擊。我們聽到他用上了「決心」一詞，不必去窺探他的內心世界，看看「決心」這件事果然存在與否。而是按照我們和他的關係，作出適當的反應。

　　韋根思坦卒於一九五一年四月二十九日，一生探討同一個問題，得出兩個截然不同的答案，每一個答案都成為一個哲學重要派別的基石，在哲學史上，大概只有韋根思坦一人。

4

沙特

4.1 一九四五年的演講

沙特的一篇演講——〈存在主義是一種人文主義〉

一九四五年十月二十九日星期一，法國巴黎幾張大報刊登了一則不大顯眼的廣告：「現代社主辦的講論會。十月二十九日星期一，下午八時半，在約翰‧古俊街八號，中央講堂，約翰‧保羅‧沙特先生主講：存在主義是一種人文主義。」現代社的兩位負責人花了不少錢才能在幾張大報上刊出這一則廣告，他們都非常擔心聽講的人不多，害怕整個演講會以惹人恥笑的失敗告終。哪裏曉得這個講論會居然成為一九四五年西方文化界的一件大事。

還未到八時半，中央大堂已經擠滿了人。為了爭入場，聽眾你推我擁，衝突打架，椅子也打壞了好幾張。雖然已是秋深，巴黎的天氣卻是反常的熱，不少塞在講堂裏面

的聽眾受不住昏倒了。

　　沙特 (Jean-Paul Sartre 1905-1980) 一個人坐地車到演講會地點。遠遠看到中央講堂大廈門前密麻麻地聚集了一群人，吵吵嚷嚷，他心裏想：「大概是一些共產黨員示威反對我的演講了。」他第一個念頭是轉頭回家去，避免無意義的衝突。可是責任感不容他這樣做，他忐忑不安地走到會場。擁塞在那裏的群眾認不出沙特便是講者，而他也沒有宣佈自己便是講者，請群眾讓路，結果從講堂的門口走到講台便足足花了差不多半小時。結果，演講延到九時半才正式開始。

　　沙特並沒有帶講詞，大半的時間他把手插在袋裏，並沒有奮臂疾呼的激昂慷慨，只是有條不紊地把左派、右派對他的哲學——存在主義——的批評和攻擊，一一解釋、回答。同時又把他哲學的要點，清楚、扼要地講解明白。一夜之間沙特便成了炙手可熱、思想界的天之驕子了。

　　〈存在主義是一種人文主義〉——沙特一九四五年十月二十九日演講的講詞，在一九四六年發表，成為沙特眾多作品中，最為人知曉的一篇。雖然一般哲學界人士對這篇文章評價不高，認為只是一篇迎合一般人趣味的作品，立論不夠嚴謹，而其中自相矛盾之處很多。但演講翌日，巴黎報章的評論卻認為是「很有深度」、「像大學的講課」、「講者大獲全勝」。

　　存在主義雖然關係到人生的態度、行事為人的原則，但

沙特作品中，明顯地以道德問題為討論中心的就只有這篇講稿。雖然隔了多年，這篇講詞仍然有非常新穎、發人深省和值得我們細思的意見。

在他的演講——「存在主義是一種人文主義」，快要結束的時候，沙特把倫理學和美學作了一個比較，他說：

> 道德上的抉擇和藝術的創造相類似……有沒有人批評一個藝術家，因為他沒有按照預先訂下來、先於經驗的原則來繪畫呢？有沒有人會問（在畫家未開始工作之前）：「他應該怎樣畫他這幅畫呢？」因為大家都清楚知道，沒有任何一張畫是一位畫家必須或應該畫的。他所畫的那一幅就是他應該畫的那一幅。在作品還未完成以前，沒有任何的美感是一個作家必須呈示的；這些美感只是在作品完成之後，透過作品的結構……才呈現出來。沒有人知道明天的畫應該是甚麼樣子，我們不能在作品還未完成的時候下評語。這和倫理學有甚麼關係呢？兩者同樣都是創作……。

> （藝術創作）和道德活動都同屬一個層面，兩者同樣需要我們創造和發明，我們不能先驗地決定甚麼應該做。

把倫理學或道德哲學看成和美學相類似的大有人在。但認為兩者的共同點在於兩者都需要我們發明和創作，沙特

——據我所知是第一個人。而這個無以名之，暫且稱之為「道德創作論」的哲學思想，亦是在〈存在主義是一種人文主義〉裏面説得最扼要、最清楚。

談到道德活動，我們大都以為有一個放諸四海、不分古今而皆準的道德原則。研究倫理學，便是追尋這個原則，一旦找到了便執善固守，不敢須臾離。沙特指出這樣看道德探索，是不太妥當，或者應該換個角度去看——改用看藝術活動、看藝術標準的觀點去看。

如果舉辦一個徒手畫圓圈的比賽，看看哪個參賽者畫的圓形最圓，當評判的心中都知道一個完美的圓是甚麼樣子的，評判的時候，就把參賽者所畫的圓和心中這個絕對的標準來比較，最接近這個標準的便得冠軍。

如果舉辦一個作詩比賽，題目是：「暮春的香港」。評判員的心目中卻沒有一首完美的詩歌作為絕對的標準，以看看哪首參賽作品最接近這絕對標準而定之為冠軍。於是，很可能出現這情形：評判員從未想過可以這樣佈局、可以如此描述、可以用這樣一個象徵的一首詩作，説服了所有評判員榮膺冠軍。沙特的意思是道德對錯的決定，並不是畫圓圈比賽，卻類似作詩比賽。

4.2 道德和創作

行為先於理論

在討論道德問題的時候，我們往往忽略了創造和發明這些因素，以為只有在科學或藝術的領域裏面才有創造和發明。說到道德，最重要的是嚴守規則。

藝術上的創作，並不是藝術家先發現了一些新原則，然後按着這些新獲得的原則去創作他的作品。畫家也好，作曲家也好，都是先拿出作品來。這些作品和從前的不同，跟傳統有異，甚或違反了一向為內行人接受的規條。然而作品本身卻有一種難以抗拒的魅力，攝住了觀眾、聽眾的魂靈，使他們不單愛上了這些作品，甚至自此以後，把他們對美的看法也截然改觀，不能再回復到從前的標準去了。至於新的藝術理論和規則，那是後來的事，是喜歡這些與別不同而又有吸引力的作品的人，經過分析和解剖以後所歸納出來的。

道德的活動亦然。並不是一些人覺得今日的道德規條有待改進，於是坐下來，憑空和光靠理知想出另一套處世的方法，另一組更合理的道德規條，然後大力宣傳、推行。道德上的改革和進步，大多數是開始於一小撮人，他們沒有甚麼理論基礎，也不關心怎樣建立一個理論基礎，只是做他們認為對的事，用他們不同的行為去說服周圍的人，他們的

行為比傳統、習慣所允許的，更道德、更合理、更應該被接納。當這些行為被多數人接受以後，研究者才再從中歸納出一些抽象的規條和理論，供人研討、學習。

人類的活動，從研究者的立場和參與者的立場來看是不一樣的。這並不只是說研究者是個旁觀者，因此關心的程度不同，而是說兩者的基本態度和說服力的來源都全不一樣。研究的注重抽象的推理，偏重理論上的解釋，但參與的卻完全不是這回事。

一位教師可能口舌笨拙，不能說服你為甚麼對一些頑劣的學生要這樣的愛護，可是他的愛護又的確能夠改變學生。一位音樂家沒有辦法解釋為甚麼這樣彈奏可以達到預期的效果，但倘若容許他那麼做，卻又真的能達到紙面上、理論上不能解釋的效果。一切理由和詮釋都是事後的，其實一個行為的對與錯，在實行的時候已經自我說明了。就如《聖經》說：「有眼可看的便應當看。」這就是沙特的意思。

從沙特的觀點來看，道德的標準，關乎道德的理論，全都是由行為建立的。並不是說透過行為，我們肯定了我們所相信的道德規條，這樣說只是語言上的花巧而已。事實上，行為和原則都只是一件事。原則，不過是行為研究者剖析行為後所得出來的抽象結論，在實際行為上是不管用的。

沙特舉了一個例。第二次世界大戰時，在淪陷的法國，有一位年青人，他的哥哥在戰爭中被德軍所殺。他的

父親離開了母親，當了德國人的奸細。他一面想參加愛國的地下活動，為兄長報仇，也洗脫父親賣國的恥辱；另一面他曉得他的媽媽，無論在生活上或心理上，都是倚賴他。倘若他離開母親，恐怕母親也難以活下去。

面對這樣的一個抉擇，沙特認為沒有任何一個人可以幫助這個年青人，他必須單獨地作決定。也沒有任何的理論和原則可以幫助他決定。也許有人會說，如果他愛國家，那麼他便參加地下工作；如果他愛他的媽媽多一些，他就留家作個孝順的兒子吧。沙特的回答是：「一個人怎樣衡量他的感情呢？他到底是否愛他的媽媽多一點，完全決定於他最終是否留在他母親身旁。我說我很愛某一個人，甘願為他付出大量的金錢。我怎樣證明所說的是真的呢？只有我真的為他付出這些錢。我說：『我愛我媽媽，願意犧牲一切留在她身邊。』只有真的留在她身邊，我才能證明這份愛。感情只能夠透過行動來解釋和衡量。如果我們倒過來，用所謂內在的感情來解釋行為，那便犯了循環論證的謬誤了。」

換言之，在道德的領域，行為是一切。理論、感情、道德律都是隔了一層的抽象討論。這些抽象的討論是落實不到現實，有血有肉，關乎生死、苦樂的層面的。抽象的道德律是不能推動我們的實際行動的。如果說道德律有影響力，那也不過是我們讓它影響我們，責任依然在我們身上。

我們的行為全都是我們自己的責任，也是人類所謂道德

的全部素材。叫人戰慄的是：這些行為的後果也是我們的責任，所謂後果，包括別人接受後、拒絕後，甚或誤解後的種種後果。

5

羅蒂

5.1 鏡子和網

心如明鏡臺

　　哲學裏其中一個重要的問題是：「甚麼是真？」

　　研究任何學問都必定要問這個問題。唸歷史的問：「赤壁之戰是不是真的？劉備和孫權是不是真的聯手在那裏擊敗了曹操？」搞文學的問：「《紅樓夢》後四十回可真的是高鶚的續作？」天文學家問：「黑洞是不是真的？」研究物理的問：「光速是否真的是絕對的？」哲學也關心真的問題，但不是某一件事物是不是真？某一個定理是不是真？而是真是怎樣一回事？怎樣才可以被稱為真？說《紅樓夢》後四十回真的是高鶚寫的，到底是甚麼意思？說光速真的是絕對的，又是甚麼意思？這兩句話都用了個「真」字，這兩個「真」字的意義是不是一樣？這些便是哲學裏有關真的問題。

　　有人覺得唸哲學的人實在是庸人自擾，到今日還要為「真」字傷腦筋！如果公元三世紀，在當時中國長江赤壁這個地方，孫權、劉備的確聯手打敗了曹操，那史書裏面的赤壁之戰的記載便是真的。可是沒有時光隧道，我們不能回到千多年前的赤壁去驗證孫劉是否「的確」把曹操的水師燒得「檣櫓灰飛煙滅」，那麼怎樣確定？「赤壁之戰是真的」依然是一個問題，並不是庸人自擾。

　　真假這個問題，在中國哲學裏，尤其是道家，着重點和西方很不一樣。《莊子‧齊物論》甚至要把真與假齊而為一，所以結束的時候便說了個千古傳誦「莊生曉夢迷胡蝶」的故事：「不知周之夢為胡蝶歟？胡蝶之夢為周歟？周與胡蝶，則必有分矣，此之謂物化。」王先謙（1842-1917）的註解說：「周蝶必有分，而其入夢方覺，有不知周蝶之分也。謂周為蝶可，謂蝶為周亦可，則一而化矣。」這種可周可蝶的物化境界，中國人似乎視之為至高無上，所謂：「一切是非利害，不入胸次，浩然與天地精神往來。」中國人是希望泯滅真假，通而為一。

　　西方卻是不能接受這種齊是非、通真假的精神。他們必須尋個水落石出，黑白分明。傳統上西方對真假的看法大致是下面的模式：人的認知心就像一面鏡子，如果能清楚而準確地反映外在的世界，那麼所得的（鏡子裏面的影像）便是真的。在認知過程中我們必須盡量保持鏡子的明淨，不讓它的影像歪曲外在的世界。和六祖慧能爭禪宗衣鉢的

神秀作過一首五絕：「身是菩提樹，心如明鏡臺。時時勤拂拭，勿使惹塵埃。」雖是佛理，後三句用來作西方知識論的撮要，也不能説不貼切。

「心如明鏡臺」——真的知識是心對外在世界準確的反映。換言之，知識的真假決定於心以外的外在世界。但這個看法是有難以克服的困難。

別的不説，我們其實沒有辦法把外在世界和我們心內的印象相互印證，看看後者是否正確地反映前者。因為除了透過我們的認知心的「反映」以外，再沒有任何方法去接觸外在的世界。我們能夠拿來彼此印證的就只是不同的反映——同一面鏡子的不同時間、不同角度的反映；或同時間、同角度、不同鏡子的反映——而不是反映和外在世界的比較。

譬如説：「在我後園可以看見牆外有兩株樹，一株是棗樹，還有一株也是棗樹。」這句話是真是假，按「心如明鏡」説，乃決定於牆外是不是有兩株棗樹。如果我的後園牆外的確有兩株棗樹，那我看到的正確地反映了事實，那便是真。倘使牆外沒有樹，或者只有一株樹，或者兩株都不是棗樹，那我所見的不是正確地反映牆外的世界，那便是假。

問題是，怎樣把我所看見的和牆外的所謂真實世界來印證呢？我可以走到牆外去看一看，那只是把遠處的反映和近處的反映印證。我可以摸一摸是否有兩棵樹，可以摘下一兩枚樹上的果實嘗一嘗是否棗子，不過這只是把遠處從視覺

而來的「反映」，拿去跟從觸覺、味覺得來的「反映」比較。無論怎樣，作為「反映」真假的決定標準的外在世界都未曾出現，也不能出現。如果有一個外在世界，這個世界不是決定知識真假的標準。在真假的問題上，外在世界不只不是個重要角色，而根本就不是任何角色，也不能參加決定真假的遊戲。

　　知識是內心對外在世界準確的反映，自十七世紀開始便是西方知識論最流行的看法，其間不同的理論大多只是這個看法的變奏。踏入二十世紀，這個理論便開始受到嚴重的挑戰。李察‧羅蒂教授（Prof. Richard Rorty 1931-2007）在一九七九年出版了《哲學和自然的鏡子》（*Philosophy and the Mirror of Nature*）一書，有系統地討論、批判這個傳統對知識論的看法，並提出了他不同的意見，引起了哲學界很大的反響。

鏡和網

　　要簡單介紹李察‧羅蒂《哲學和自然的鏡子》裏的思想並不容易。因為內容牽涉太廣，用一兩千字去撮要，誤導的可能很大。首先我盡量用羅蒂自己的語言去說明他的看法，然後再把我讀羅蒂後的感想寫出來，也許可以略略減少上述的危險。

　　在一篇題名「Inquiry as recontextualization: An anti-dualist account of interpretation」（「探索〔真理〕只是事物〔關係〕的重組：一個反二元論的看法」）的文章中，羅蒂說：

> 讓我們把人類的心靈看成信念和期望對語句的態度（sentential attitude）的一個網絡。這個網絡不斷自我重織去適應新的（態度、信念、期望）。暫且不要問這些新的信念和期望從何而來。暫且忘卻外在的世界，和這個世界跟我的所謂「感官經驗」的聯繫。就只假設新的（信念和期望）不斷冒起，有些新的和舊的之間產生了一種張力。這些張力有稱之為矛盾、有稱之為關係緊張。消除這些矛盾和緊張有各種不同的方法，譬如，放棄其中一個舊的信念或期望；或者建造一套新的信念去容納這些不速之客，減輕它們和舊信念、舊期望之間的張力；再不然，我們（在某些方面）可以徹底解體，也就是拋棄一整套的舊信念和期望，也就是說對包括這些（放棄了的信念和期望）詞彙的句子，我們再也沒有任何意見了。（換言之，這些句子已變成完全沒有意義了。）

「心如明鏡臺」的看法雖然一度幫助我們解決了一些知識論上的問題，但今日這個看法為我們帶來的困難，比替我們解決的問題要多。沒有任何理由使我們非接受這個看法不可，所以我們可以考慮放棄這個以認知心為反映外在世界的明鏡的看法。上面一段引文，便是羅蒂提出另一個可能的比喻。

人類認知的過程就是不斷地重織這個網絡。然而，並沒有一個外在的模式，非要我們把網織成和它一樣不可。重織的理由不是要符合一個理想的模式，只是要消除內在的矛盾和緊張。至於用哪種方法去消除這些內在張力，那是不能預定的，而是決定於和網有關的所有因素。在上引的同一篇文章裏，羅蒂說：「把探究真理視為事物關係網的重組，就是說沒有一個關係網可以絕對地比其他的優勝，只是在一個特定目的下比其他的更有用。」

明鏡亦非臺

羅蒂的哲學很多人覺得難以接受。不過在下定論說他錯之先，讓我們弄清楚他說的是甚麼，甚麼未說過，以免因為他並未說過的話而排斥他的思想。

首先，羅蒂並沒有否定外在世界的存在。他沒有說一切都是由我們的心所做的。他並不是這樣的唯心主義者。他只是認為我們的認知心並不是一面鏡子，真知識不是外在世界的正確反映，因為沒有辦法可以決定哪一種才是絕對正確的反映。

我們今日活在一個社會裏面，這個社會有它的文化，這個文化就成為我們認知過程的基石——也就是第一網。這個網是怎樣形成的呢？

遠古的時候，人和外在世界接觸，因為不同的環境、不

同的個性、不同的人對外在世界的刺激有不同的反應——他們的反應沒有甚麼對和錯，只是彼此不同。這些不同的反應導致不同的解釋、相異的信念和期望。各各持着這些不同的信念，持着不同的期望去過他們的生活，去應付外在世界給他們的刺激。

透過不斷的接觸，人對外在世界的反應也不停在變，所產生的信念和期望也在變。如羅蒂所說，後出的信念可以和舊的融洽無間，但也可以和舊的衝突矛盾。這些不協調如果太嚴重，影響人的安樂，便必須解決。解決的方法不是看看哪個信念是外在世界的正確反映，因為外在世界到底是怎麼一個樣子無由得知，留下的只是因它而產生的信念和期望。

生民之初，不同的人群散居不同的地域，他們世世代代都沒有往來。每群人慢慢有他們的共同期望，有他們習慣解決衝突矛盾的方法，但群體和群體間各各不同。當這些群體接觸便又產生不協調。解決的方法依然不是尋求哪一種是正確外在世界的反映。有時以武力解決，有時相互融攝。羅馬對待「化外之民」用的是武力，中國和佛教用的是融攝。今日我們反對在求真過程中用武力解決問題，並非因為武力解決一定不能正確反映外在世界，而是另有原因。羅蒂認為也許這另類原因才是適合的求真態度。

5.2 尋真和民主

真的意義和尋真的方法

　　羅蒂的哲學最重要的問題之一，便是真假的問題。在討論他的哲學之前，也許先弄清楚一些在討論真假問題時常常出現的爭辯，會幫助我們更明白他的思想，無論這些爭辯是否直接和他的理論有關。

　　有人認為在討論真假問題的時候，我們常常把真的意義，和我們怎樣知道一件事是真的方法混淆了。他們的看法，大致如下：

　　　　我們必須承認，除了我們的內心世界以外，一定還有不屬於我們內心的世界。因為我們遭遇的很多事情，並不完全受我們控制。我們不能隨意呼之則來，揮之則去。但這些從外面世界而來的、我們所知道的都一定滲雜了我們的反應和演繹。純粹從外在世界而來的到底是怎麼一個樣子的，我們可以說一無所知。因此這些外在世界的事物，在我們決定何謂真、何謂假的過程中起不了甚麼作用。

　　　　不過，雖然在尋求甚麼是真、甚麼是假的過程中，外在世界沒有可扮演的角色，但這並不表示它在真的意義上也沒有位置。真的意義依然可以和外在世界符合，準確地反映外在世界的事物。舉個例，

我知道甲在隔壁的屋子裏，因為我聽到他說話的聲音。然而他真的在隔壁的屋子裏，卻和我聽到他說話的聲音無關，那只是我「知道」他在那裏的方法或理由，而不是甲在隔壁屋子裏的意思。換句話說，甲「真的」在隔壁的屋子，並不是因為我聽到他的聲音；反而，我聽到他在那裏的聲音，是因他的確在那裏。

上述的看法是有可商榷的地方的。

不錯，我們可以說我聽到甲在隔壁屋子說話的聲音只是我知道這件事的方法，而不是這件事所以真的意義。但甚麼才是甲真的在隔壁的屋子裏呢？我聽到他在那裏的聲音，我在那裏看到他，我在那裏和他握過手……按照上面的看法都只是我知道他真在那裏的方法，而不是甲真在那裏的意義，那麼請告訴我，甚麼才是和尋真方法不同的真的意義呢？唯一的答案似乎是：甲真的在隔壁屋子裏的意思，便是甲真的在隔壁屋子。這樣說了便等於沒說過，循環空洞，也不用多說了。如果為了避免太明顯的錯誤，把答案改為：甲真的在隔壁屋子如果他的確在隔壁屋子，把其中一個「真」字改成「的確」也掩不了多少人的耳目。

命題和語句

很多人相信一個命題（proposition）的真假是決定於命

題是否符合外在世界的事實。外在世界既然是不可知，甚麼是真便不能以它為基礎了。除了外在世界，剩下來就只有我們的經驗。命題的真和假就只能是以我們經驗之間的關係來決定，以那些關係為基礎。

羅蒂曾經說過：「讓我們把人類的心靈看成信念、願望和對語句的態度的一個網絡」，也就是上述的意思。我們的信念是真是假，或對或錯都是決定於那個網絡，而不是網絡以外的事物。再者，這個網絡到底應該織成怎樣一個模式，也不是預先決定的。

在上面的引文裏面有一個很特別的名詞，我是在羅蒂的文章第一次看到的。這個詞給我很大的困擾，想了一段時間才有點明白，那就是：「對語句的態度」這個詞，怕自己譯得不好，原文是「sentential attitude」。

每一個唸過哲學概論的人，都一定知道命題和語句（sentence）的分別。只有命題才可以有真假值。兩者之間的分別，用一個簡單的例子便可以解釋清楚了。「天下雨了」、「It is raining」和「es regnet」是三句不同的語句：一句是中文，一句是英文，一句是德文，但表達的都是同一個命題：天在下雨。哲學關心的應該是命題，而不是語句。因為命題才是超語言、超文化，和客觀的外在事實有關，也才是哲學的研究對象。然而羅蒂卻偏偏一反哲學的常理，大談我們對語句的態度，而不談對命題的態度，我看這是饒有深意的。

羅蒂大抵認為不同語文的語句，表達的命題也應該不一樣。因為不同語文裏的所謂同義詞，嚴格來說不是完全同義的。每一種語文產生於不同的文化背景，裏面詞彙與詞彙之間有不同的關係。用其網絡的比喻來說，不同語文是不同的網。一個詞彙，在它自己的網中和其他詞彙的關係迥異。當相同的新信念在不同的網絡中出現，它帶來的矛盾和緊張也不一樣，解決的方法也非常不同。羅蒂對超語言、超文化的命題懷疑。語句是在一個特別的文化之內才有的，根據羅蒂，真假、進步和探研都必須在一個特定文化之內決定和進行，所以他強調語句而非命題。

民族中心主義

羅蒂重視語句而不是命題，是基於他的哲學裏一個很重要的信念：真理的探索不是超文化的。有人因此批評羅蒂是民族中心主義者。他們認為今日的人，再不應以自己的文化為本位，應該尋求共通的外在客觀標準。就如命題和語句的分別，我們應注意超語言、超文化的命題。

今天的自由主義者最大的危險就是為了避免偏見，為了超越自己的文化本位，逐漸變成了沒有立場。從前中國人以自己的禮教為至上，不恥和化外的夷狄為伍；以前傳教士到了外國藐視當地土著，把他們看成迷信、生活充滿罪惡的人。今日這些都被視為文化上的偏見，必須打破、清除。

正正因為我們太害怕這種偏見，當自我檢討的時候，便發現我們也有我們的「偏見」，於是我們徬徨、手足無措。

在著作《民族中心主義：回應 Clifford Geertz》（*On Ethnocentrism: A Reply to Clifford Geertz*）中，羅蒂説：

> 當我們這些小資產階級的自由主義者發現我們對別人也有同樣的態度——譬如我們不屑而且鄙視納粹主義和宗教上保守的基要派——我們便不能不反省再思。我們所做的正正便是我們所説要反對的。我們認為寧死也不要墜入自以為是的狹隘民族中心主義裏去。然而民族中心主義的可怕，恰恰就是寧死也不肯和其他人妥協、合作——不與其他人等共戴一天的態度。於是我們開始懷疑，自由開放思想，是不是只是另一種文化偏見？
>
> 有了這樣的惶惑，當別人提出西方文化的自由民主，不外是其他阿貓、阿狗的不同文化裏面的一種，我們便覺得這未始沒有道理。開始懷疑向別的國家、社會宣傳我們的自由主義，其實和上世紀那些保守的傳教士的行徑，可能同出一轍。循着這條線懷疑下去，我們便成了糊裏糊塗的自由主義者。在道德上，我們不再厭惡任何事，也不再鄙視任何行為。我們的自我也隨之而消失了。再不會以自己是個自由主義者，生在一個偉大的傳統之內，活在一個優秀的文化當中，而感到驕傲。我們是如此開放，

以至我們的心靈都已經掉了出來了。

心靈空虛，全無立場的自由主義者，就是拼命追求超文化、絕對客觀的標準的產品。

今日的自由主義者反對狹隘的、以自己文化為本位的民族中心主義。他們面臨的危險是失掉了自己的立場。正如羅蒂所說：「他們是如此開放，他們的心靈都已經掉了出來了。」其實民族中心主義的錯誤，不在以自己的文化為中心，而是在於狹隘。我們要反對的就是這種狹隘。怎樣才是不狹隘呢？那就是存着一個肯被說服的心態去聆聽不同的意見、去辯論。理性的聆聽和論辯是要有立場的，沒有立場和無論如何都不肯改變立場，就是過猶不及，都不是理性的。

很多人誤以為和自己的背景文化扯上了關係便一定是偏激。因我們相信在不同文化之上，在個別經驗之外有一個超越而客觀的真理，這便是理性、是非、真假的基礎。但這個看法愈來愈少人接受了。愈來愈多人在個別的不同文化、經驗之中找尋理性的房角石。我們的理性、價值標準，都是從經驗和自己的文化中學來的。把我們從我們的文化中抽離出來，我們根本不能思維。不過任何文化都會教導我們開明──肯自我檢討，肯聆聽接受不同的意見。縱然我們放棄了一些舊信念，放棄的理由依然是來自舊的那一套。甚至如果我們的理性起了大變化，覺今是而昨非，這個轉變如果是理性的話，理由必定是來自舊的。道理很

簡單，因為轉變不是理性，就是非理性。非理性的且不去
說了，理性的就表示是有理由的，可以解釋的。在新的原
則尚未被接受之先，接受的理由和可能的解釋，只能是來自
舊原則、舊系統那裏。所以不用擔心，過往的經驗告訴我
們，從我們本身的文化所學來的，是可以自我糾正、自我調
整的。

　　尋真的方法和民主政治沒有甚麼分別。民主就是不預
先決定甚麼是對，甚麼是錯，甚麼是應該，甚麼是不應該。
而是所有有關的人都一起來聆聽、辯論，然後各人憑他們從
經驗、從一己的背景、從他生活的文化中學來的判斷力作決
定，多數人認為合理的便推行。民主不是尋找一個客觀的
實在，如果我們相信有超乎文化、經驗以上的實在那便不應
推行民主。

　　倘若我們不接受作為是非、對錯、理性的基石的客觀存
在，那麼我們便不得不同意，尋真的方法和上述政治上的民
主應該是沒有甚麼基本上的不同。

5.3 道德創作

理想的演奏

　　已故加拿大鋼琴怪傑格倫‧顧爾德（Glenn Gould 1932-
1982) 還未到三十歲便已譽滿全球，可是在一九六四年

三十二歲剛出頭的他，突然宣佈不再公開演奏。直到八二
年心臟病逝世，十八年來顧爾德從未再現身音樂廳。他的
琴技我們只能從他的錄音演奏中欣賞得到。除了錄音演奏
以外，顧爾德還從事寫作，替電視台編製節目。一九七一
年，他訪問另一位鋼琴大師魯賓斯坦，兩個人更公開就錄音
演奏問題，各抒己見，討論得精彩、熱烈。

　　說到他放棄公開演奏的理由，顧爾德說：

　　　　我認為音樂演奏和任何其他的藝術創作都沒有
　　甚麼分別。理想的演奏，演奏者開始的時候應該採
　　取不知道怎樣才是對的態度，只有在演奏過程中才知
　　道該怎樣做。演奏完成了三分之二，也就是對作品
　　的看法完成了三分之二。當我踏進錄音室的時候，
　　我往往不知道我的演奏會是怎樣一回事。我會嘗試
　　用十五種不同的方法去彈奏。也許其中有八種我覺
　　得像樣。但大概只有兩三種我真的喜歡。直待到覆
　　聽錄音的時候，我才決定這個行不通，這個必須徹底
　　改變。……顯而易見，我這個看法在公開演奏時是
　　辦不到的。在演奏會中，無論我多麼想這樣做，我
　　總不能隨意停下來，說：「讓我們從頭再來一遍。」

　　不少人以為理想的演奏是超時間，無論何時盡適宜；超
空間，放諸四海而皆準的。聽的、奏的往往都是追尋這樣
的一個理想。從上述一段話來看，顧爾德似乎並不是這樣

看。他認為沒有如此的理想，如果堅持這個看法，甚至會成為演奏的障礙，所以演奏者在開始的時候不該存有「這個作品要怎樣彈奏才是正確」的看法。不同的時間，不同的場地，不同的情懷，都會要求不同的演奏，奏者必須因應這種種不同而改變。

傳統上我們認定美和善有外在的標準，追求美善便是先認識這個標準，然後改變自己的行為以求和它符合。其他在特定時空裏面的因素，諸如：個人的文化背景、性格，都是無關宏旨，且有礙美善的追求。顧爾德的看法恰恰相反，重要的是特定時空之內的因素，藝術家把這些糅合創造成美。美是由我們創造而成，不是存於外面等待我們發現的。

這個看法和羅蒂的看法有相類似的地方。

兩類評價標準

美和善的標準並不是存於外間，等待我們去發現，乃是由我們透過作品和行為創造出來的。

這句話怎樣說呢？

判定美善的標準，起碼可以分成兩類。譬如：一個畫圓圈比賽，甲、乙、丙三人分別交來下面的作品：

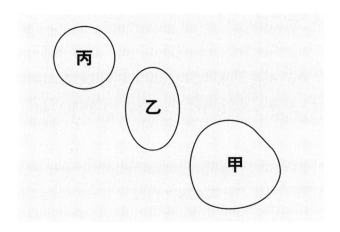

　　我們大抵都會同意，丙最好，他的作品最圓；乙其次，甲最差，因為在我們心中有一個絕對的圓為準繩。丙最接近這個標準，而甲距離這個標準最遠。這是一類的標準。

　　如果舉辦的不是畫圓比賽，而是作詩比賽，題目是：「觀海」，那麼所用的標準便和上述所用的標準迥然異類了。我相信沒有任何評判的心中會存有一首理想的〈觀海〉詩，然後看看哪一首作品和它最接近，而判定高下。他們也不會先找出一首大家都認為理想的〈觀海〉詩作為評審的準則。

　　當然作詩比賽的評判是有一些要求和準則的，比如：聲調是否鏗鏘，比喻是否恰當，意義是否太淺露，詞藻是否太粗陋等等。但這些標準很難清楚界定，不能像圓形一樣，訂出這是極限，作品越接近這個極限便越是佳作。雖然如此，我們總不能說，評定一首詩的優劣沒有客觀標準，只是和畫圓比賽不同類的第二類標準而已。

　　第一類標準是絕對的，也就是說如果與標準不符必定是錯或差，標準不會因作品而修正。第二類標準則不然，是會因應作品而變更的。憑以往的經驗，我們認為詩歌要聲調鏗鏘，便要如沈約（441-513）所說：「若前有浮聲，則後須切響，一簡之內，音韻盡殊，兩句之中，輕重悉異。」可是某甲的作品，並不如此，一句之內，音韻大同，讀起來卻饒有風致。或者，突然混入一些俚俗語，居然使人覺得清新合宜。因為某甲的作品，以前恪守的準則也非得因應修改不可。而越是在該範圍內有見識的人，越能夠欣賞這種「犯規」，越肯因此而「修規」。

　　因為看不到有這兩種不同的標準，不少人只懂得拼命追求第一類，卻又找不到，失望之餘，便以為美和善是沒有客觀準則，不能理性討論的。

道德創作

　　說道德的標準是創造出來，而不是尋找得到的，很多人大概會很不以為然，因為「創造」給人的印象是從無到有。如果道德標準是人創造的，似乎就是說道德的準繩是人憑空依一己之見訂立，不能客觀地、理性地討論。其實只有基督教《聖經》所說神的創造，才是從無到有，憑空做出，其他的創作並非如此。

　　多年前，到幼兒班接孩子放學，看到他和七八個都是

三、四歲的小孩子，在貼於牆上的一幅大白紙上亂塗。有的用筆，有的用刷，有的用手，也有臥在地上，用蘸滿顏色的腳掌拼命向紙上踏，玩得煞是高興。老師向我解釋他們是在「繪畫創作」（creative painting）。我忍不住說：「這有沒有把『創作』的意義貶得太低？」讓孩子這樣亂塗是有重要的教育意義，但這算不算是創作？

在我心目中創作不是沒有意思，不用腦筋，毫無根據的發洩。創作是人類智力活動的高峰。人把他以前學得的，憑想像、憑天分，糅合而得出前所未見的結果，而且——這是最重要的一點——有說服他人接受的能力。

創造道德的標準，因此不是沒有根據的無中生有，而是奠基於從前的道德標準上。碰到新的挑戰，要更新變革，也不是憑空而作，連根拔起，而是植根於舊的看法和規則上。道德的進步不是在舊的廢墟的頹垣敗瓦上，蓋上新的。而是從舊的脫胎而出，吸取舊的餵養而長成的。如果未有新的便先把舊的摧毀得一乾二淨，就如羅蒂所說：「連裏面的心靈都已掉了出來，那還能建立些甚麼？」

道德標準是人透過行為而創出來的。這句話主要的意思是宇宙中沒有預設千秋萬世皆準的道德律，去尋覓這樣的律則是勞而無功的。道德律、美與善是有生命的。有生命的東西的基本性質是會改變。變不表示過往的是錯。我們長大不表示以前的身體不好。如果我們偏要把要變的東西的「變」看成是壞事，硬要把它套進不變的框框裏，堅持

「變」是不完全，只有「不變」才是完全，那是非常痛苦的事，也是庸人自擾的痛苦。善和美極其量只是為我們設下一個方向：朝這邊走。並不是為我們訂下一個必須達到的目的。善和美是一個過程，離開了追求善和美，我們便根本不能談善和美。這是我從羅蒂和顧爾德處得到的啟示。

第二部　

存在主義在第二次世界大戰後的十多二十年間可說風靡全球，蔚為時尚。小說、電影，就是流行曲詞，都紛紛以存在主義為標榜。正因為如此流行，所以對它的誤解也特別多。不少人以為存在主義只是一味強調自由放任，其實它帶給我們最重要的教訓是責任。尼采說到神已經死亡，就是提醒我們宇宙中沒有誰會給我們分擔自由的責任；祈克果的恐懼與戰慄，是覺悟到這個責任後的反應；沙特更公開宣稱我們是被判了自由這個重刑。今日也許我們需要仔細再看一下存在主義，重溫一次裏面的訓誨。

語言文字是人類用來表達、溝通意見的最重要工具。古語有云：「工欲善其事，必先利其器。」可是我們卻從來沒有認真檢查這個工具的利弊。文字語言本身有甚麼限制？有沒有給它要傳達的帶來了些甚麼歪曲？韋根思坦的哲學，尤其是他後期的思想，在這方面都有很大的啟發，幫助我們反思哲學和語言的很多問題。

中國思想對倫理問題有很深入的體會，可是對知識論卻是不太重視。「甚麼是真，甚麼叫假」的討論，在中國歷史上並不多見。西洋哲學在這方面的資料很多，從洛克開始，到康德，中間的發展的軌迹，歷歷可尋。研究這段西洋哲學史，不但幫助我們明白西方的認識論，也使我們清楚看到西方思想家解決問題的推理過程，十分有趣。

6

存在主義四重奏

6.1 存在主義的主題

自由的肯定和反省 ── 存在主義的主題

人一直嚮往和追求一個自由自主、無拘無束的生活，然而另一方面，自有歷史以來，人都在尋求一個應該遵守的人生規律，一個必須達到的生命目的，一個可以信賴的主宰權威，一個不容改變的生存意義。這兩個不同的追求所產生的矛盾，在人類的文化歷史上，隨處可見。在追求自由這方面，人是逐漸成功，慢慢從各種枷鎖中解脫出來；但在道德方面，在人生的意義方面，直到一二百年前，人仍然相信權威，遵守規律，接受一個先天訂下來的意義和目的。換言之，在人生和道德方面，人依然相信他不是立法者，只是一個必須奉公守法的市民。他們的責任不是釐定法律，而是遵守已經訂好的規條。可是到了十九世紀，就是這一

點也開始受到懷疑和挑戰了。人開始對道德權威、人生既定的意義質疑，肯定他自己在道德上、人生上的立法權。思想界在這方面的先鋒、猛將是祁克果（Sören Kierkegaard 1813 -1855）和尼采。表面上，他們的言論似乎只是針對基督教，其實，如果我們了解他們所處的時代背景便明白，基督教不過是權威的代表，他們所挑戰的是一切權威，要肯定的是個人的自主。

這個對個人自主的肯定，卻有一個意想不到的後果。從前，人每掙脫一個枷鎖，每衝出一個牢籠，都有一種說不出來的欣悅。可是這一次，興奮過後，隨之而來的，卻是一種手足無措的驚惶。祁克果的一本作品的標題：《恐懼與戰慄》（*Fear and Trembling*），就是個人道德立法權肯定了以後的結果。人就像一個小孩子，在長大成人的過程中，時刻想擺脫父母的管轄。我們大概都還記得第一次有自己控制的零用錢，第一次自己一個人和朋友上街，第一次離家過夜，那種興奮，那種喜悅。然而，到我們真正獨立了，真正脫離父母，不再有人可以管束我們，我們也明白不再有人指導、幫助我們。隨之而來的不是從前的欣喜，而是一種無依之感，一種莫名的徬徨。

到了二十世紀，當人愈了解自己的自由，愈肯定自己的主權，這種驚懼、徬徨也就愈來愈強烈。沙特用另一個名詞：「焦慮」（angst）去描寫這種心態。為了消除這個焦慮，很多人甚至用盡各種不同的方法，否認自己在道德上有任何

立法權。沙特相信人在道德上是完全自主的，所以在他眼中，否定這個事實是自欺（bad faith）。在他的名著《存在和虛無》（*L' être et le néant*）裏，對這些自欺的行為有詳盡而有趣的描寫。另一位法國存在主義思想家卡繆（Albert Camus 1913-1960），把沒有先天訂下的目的，沒有權威、主宰的人生，稱為荒謬（absurd）。而這種荒謬的人生是一個不能否定的事實。他的哲學就是探索我們在這種人生內怎樣活下去。

存在主義（Existentialism）是二十世紀影響最深遠的哲學思想之一。雖然在這個稱謂下，包括了很多不同，甚至在某些基本論點上各各相反的思想，但這些思想都是人對道德權威的質疑，對自我在人生立法權上的肯定，並對這種質疑和肯定所帶來的困惑、惶恐，以及其他種種問題的回應和反省。

6.2　祁克果：從唐璜到亞伯拉罕

自由的責任 —— 祁克果的存在主義

丹麥思想家祁克果可以說是存在主義最早的代表人物。他是基督徒，而且受過神學訓練，雖然他的作品常常用《聖經》的事例，但他所說的不一定只有基督徒才用得着。祁克果對當時歐洲的基督教界（Christendom）非常不滿，認為

他們把《聖經》教訓裏最重要的一環忽略了。他的作品《恐懼與戰慄》（*Fear and Trembling*）就是用舊約《聖經》裏面，亞伯拉罕聽從神的吩咐，把他的獨子以撒當作祭品獻給神這個故事，來說明他對基督教界的不滿。

根據舊約《聖經》，亞伯拉罕得到神的祝福，一百歲的時候妻子撒拉懷孕生了以撒。神應許將來由以撒而出的後裔必極其繁多。可是過了幾年，神卻吩咐亞伯拉罕把以撒帶到摩利亞地的一個山上，把以撒宰了，當作燔祭獻給神。亞伯拉罕服從神的命令，走了三日路才到了指定的山上。當他舉刀要殺以撒的時候，神阻止了他，並且為他預備了一隻公羊，兩角扣在稠密的小樹中，代替了以撒。因為亞伯拉罕在這件事上顯示出對神的忠心和信心，他被猶太人尊敬，受基督徒景仰，譽為信心之父。可是祁克果認為當基督徒說到這個故事，他們討論、分析、讚歎，但他們沒有和亞伯拉罕一同走那三天到摩利亞去的路。他們沒有感到那三天亞伯拉罕所感到的惶恐；他們的額角沒有滲出亞伯拉罕額角所滲出的汗珠。因為他們只是旁觀者，不是身體力行的，更沒有亞伯拉罕要負的那個沉重的責任。

亞伯拉罕雖然不是立法者，可是他的責任卻是巨大的。因為神對他的吩咐是違反邏輯的——殺死神賜給他的獨子；是違背神訂下的律法——神清楚警告以色列人不要把兒女經火（當作燔祭）。所以神對亞伯拉罕的命令是完全不可解的。究竟這是不是神的吩咐，是不是神的意思，天上

人間只有一個證人，就是亞伯拉罕自己。如果這的確是神的命令，人證、物證俱在，就可以向所有人解釋，亞伯拉罕亦可以坦然無懼獻上以撒。但亞伯拉罕和神之間沒有證人，也沒有任何立下的規條為憑據，那他就不能不害怕了。把自己的兒子獻給神已經是一件難事，把自己的兒子錯誤地獻給神這個可能，就使亞伯拉罕不能不戰慄、驚恐。然而，亞伯拉罕仍然上了摩利亞的那個山上，那就是他最可貴之處。

祁克果對當日基督教界最大的不滿，就是他們把信仰看成一個安逸棲身之所。不錯，《聖經》答應信徒一個更美、更高的世界，應許他們可以掙脫一切綑縛，允諾他們可以成就大事，但所有這些都是有待信徒去完成的。信仰不是一個懶惰、被動的藉口，而是一個幫助我們敢於盼望的鼓舞力量。

從非宗教的觀點看去，祁克果是說：縱使我們接受生命的權威、道德的規律、人生的意義，我們卻不是完全被動的。雖然我們不是立法的人，卻是這些律法唯一的解釋人、唯一的演繹者。在絕對的道德律、最後的人生意義和我們中間是沒有見證人，沒有其他憑據，這些法則到底應該怎樣解釋全是我們的責任。祁克果的哲學就是這樣地向肯定人的絕對自由，向肯定人是人生立法者這個地位，走出了第一步——惶恐、戰戰兢兢的第一步。

祁克果的人生三階段：（一）感性人生

　　從肯定人的自由，肯定人的自主地位這方面看去，祁克果認為有三類人，或者說人生可以分成三個階段。首先開始的那一個階段，他稱之為：感性人生（aesthetic life）。（「aesthetic」這個字今日都是譯成美學，但是祁克果用這個字是據它本源的意義。這個字的字源是希臘的「aisthetikos」，是泛指一切我們五官感受到的，因此在這裏譯為感性。）在這個階段人開始肯定他的自由、自主。他們追求無限制地滿足他們一切的欲望。這個階段的代表人物是唐璜（Don Juan）。唐璜是西班牙的一個傳奇人物，風流倜儻，放蕩不羈。這個人物傳到東方來，我們大概受了四、五十年代荷里活電影，甚麼《劍俠唐璜》、《大俠唐璜》的影響，都把他錯認成花花公子的典型。在西方，他是個追求個人自由的英雄人物，拜倫（George Gordon Byron 1788-1824）以他為題材寫了一首長詩；莫札特（Wolfgang Amadeus Mozart 1756-1791）用他的故事作了一齣歌劇；李察‧史特倫斯（Richard Strauss 1864-1949）也有一首著名的交響詩是題名「唐璜」的。祁克果用以為感性人生的代表人物的唐璜，是以莫札特歌劇《唐‧喬凡尼》（*Don Giovanni*）的主角為模式的。歌劇的第一幕，唐璜的從僕李布雷羅（Leporello），在他唱的一首歌裏面，是這樣描寫他的主人：

　　　他曾邂逅過的女子，在意大利：六百四十；德
　　意志：二百三十一；整整一百個在法蘭西；九十一個
　　在土耳其。只是西班牙一處就已經有一千零三名。
　　不論貴賤，不論肥瘦，不論美醜，只要是穿裙子的，
　　他就拼命追求。

　　這就是感性人生的英雄。在肯定自由的大前提底下，
他們覺得自己不能接受任何的束縛，不能屈服於任何的管
轄。他們的欲望必須找到滿足，否則就是妨礙了自由。在
歌劇結束的時候，一個從陰間回來的鬼魂借着一個石像還
魂。他抓緊唐璜的手，要他悔改，徹底改變他的生活，否
則就把他拖下陰間，受那地獄之苦。可是唐璜雖然掙不開
他，依然厲聲高叫：「永不！永不！」拒絕悔改。在呼喊當
中，他和那個鬼魂墜入陰間，萬劫不復。唐璜對他的生活
真可以說是：雖九死其猶未悔。怪不得在十八、十九世紀
浪漫主義瀰漫的歐洲，唐璜是如此被人懷念，如此受人歌
頌。他代表了自由精神，打破傳統枷鎖，衝破道德樊籬，
還我自由身。可是唐璜真的自由了麼？

　　表面看來唐璜是自由的，他寧死也不願放棄追求欲望的
滿足。然而，祁克果認為，換一個角度去看，唐璜是感性
的奴隸，是他自己的欲望的奴隸。如他的僕人所說：「只要
是穿裙子的，他就不得不追求。」主宰、自由，應該表示有
控制權，唐璜的人生是一個失了控制的人生。他的生命像
一隻無舵之舟，隨着欲望的狂風暗流，飄浮無定。表面看

去是「縱浪大化中」，骨子裏卻是不得不如此縱浪。明白唐
璜的感性生活不是真正的自由，我們走進了祁克果的第二階
段人生。

祁克果的人生三階段：（二）道德人生

　　表面看來，唐璜的生活是一個自由的生活。世界上
沒有任何人可以壓制他的欲望，管束他的行為。宇宙間沒
有任何法則他必須遵守。他想的，就去做；他要的，就攫
取。但是祁克果卻不以為然，認為這並不是真自由。這種
生活並未顯示出我們是我們生命的主人，可以控制自己生
命的方向。這樣，祁克果領我們走進第二階段——道德的
人生（ethical life）。這個階段的人生特徵是：有原則的，
合理性的，可以解釋的。在不同的著作裏，祁克果用不同
的人物來作道德人生的代表：《舊約聖經》裏的士師耶弗他
（Jephthah）、希臘的蘇格拉底。最容易明白的就是一個結了
婚又對自己的配偶忠實的普通人。

　　結婚就是在芸芸眾生中選擇一個人作為自己的配偶。
結婚之前，他可能是個唐璜，在意大利有女朋友六百四十
人，在西班牙則有一千零三人；可是當他決定結婚，就甘
心情願約束自己的欲望，對自己選擇的那一個負責。一個
結了婚的人的生活和唐璜的比較，似乎太平淡了，太多束縛
了；可是深一層看，這是一個有原則的生活，這才是一個真

正自由的生活。結婚的生活不再是無舵之舟，在感性的汪洋下，隨着情欲的風浪、暗流，無目的地飄浮。而是自己充當舵手，無論甚麼風暴，都能安然駛回自己選定的海港。看上去好像來來去去只得一個方向，但其實這是自主的表現。這樣的人是可以控制自己的人生，比唐璜無控的生活自由得多了。

可是祁克果對道德的人生仍然未感滿意，覺得還未能稱得上一個自由、自主的生活。不錯，唐璜的生活是一個完全沒有原則，對自己的欲望毫不抗拒，徹底投降，而美其名曰自由的一種生活。結婚的生活，其實也只是運用過一次自由，掙扎過一次的生活。結婚的人選定了一個配偶，就向自己的選擇投降，作這個選擇的奴隸。在我們日常的生活裏，我們碰到不少人這樣解釋他們的行為：「我不能不這樣做，因為我已經答應了某某；或者：我已經參加了這個團體；或者：我已經接受了這些原則。」用通俗的粵語來説：「我已經洗濕咗個頭。」就好像我們都是機器，在過去安排了這部機器怎樣運作，就必須這樣做。我們只是過去抉擇的奴隸，必須受過去的決定操縱。

假使我們還未看到上述生活的可笑之處，請想一想：一個人每年情人節都給太太送一束紅玫瑰，每年結婚紀念日都送太太一份可愛的禮物，太太生日一定安排美好的節目，數十年如一日。別人問他：「為甚麼你這樣待你的妻子？」他回答説：「沒有辦法喔。二十年前和她結婚的時候，我在證

婚人和眾親友面前，答應以後愛她、照顧她、尊重她。答
應了的事就必須辦到，我是一個有信用的人。我還能做甚
麼呢？」這樣的回答，要是他太太聽到，那些花、那些禮
物、那些節目，都在剎那之間，全然失掉了意義。他們的
婚姻要是還未觸礁沉沒，也已瀕臨觸礁邊緣了。道德的人
生，有原則、合理性的人生，很可能也是這個樣子。

祁克果的人生三階段：（三）宗教人生

　　唐璜的感性生活，只是表面自由，其實是欲望的奴隸，
任由欲望支配，不能自己。一個結了婚的人，看來受着重
重束縛，但他是守着一個原則，忠於自己的抉擇，表示出他
是自己生命的主人。這種道德的生活比感性生活更自由。
可是仔細分析，道德生活和感性生活之間的差別，只不過
是五十步笑百步。感性生活從來不求自主，但道德生活也
只是為自己的生命打過一次仗，爭取過一次自主權。他選
擇了生活的原則以後，就甘心情願充當原則的奴婢，讓過去
的決定管轄自己的現在和將來。如果說這比感性生活更自
由，那只不過是道德生活中的人，曾經自由地選擇他的主
人，就是在這一方面勝過唐璜式的生活。

　　根據祁克果，怎樣的生活才是自由、自主的生活呢？
如果我們繼續用愛情、用婚姻來作比喻，理想的生活是：丈
夫和妻子之間良好的關係不是因為從前的誓言而維持的，而

是每時每刻都重申那一個誓言，每時每刻都重新作同一個選擇。丈夫對妻子的愛護，妻子對丈夫的體貼，不是因為結婚時的盟誓，不是因為做人要有信用，而是在任何一刹那他們都重申他們之間的愛。這看來浪漫得很、理想得很。請勿忘記，我們現在是在討論最理想的生活。

道德生活很有原則，在約束自己堅守原則之下，我們顯示出我們是自己生命的主宰。可是在這種道德生活裏，我們可能淪為原則的奴隸。真正的自由人是體會到原則是死的，人才是活的。過去的決定對我們沒有約束力，只有我們自己可以用過去的決定來約束我們的現在和將來。因此，在我們的生命中，每一個行為其實都是我們在那一瞬間的決定。我們說按原則辦事，也只是在那霎眼間，重新再選定那個原則。這才是自由人，這才負起了自由、自主的全部責任。這個生活態度，也就是人生三階段中最高的一個階段，祁克果稱之為宗教的人生（religious life），它的代表人物就是我們在這裏討論過的亞伯拉罕。

從外面去看，達到這個境界的人和生活在道德人生、甚至生活在感性人生裏面的人，沒有甚麼分別。亞伯拉罕把以撒帶到摩利亞，綑起來準備燒了當燔祭，這件事可以被看成一種盲目的衝動，就像唐璜見到穿裙子的人便要拼命追求一樣。這個行動是完全沒有原則支持的。亞伯拉罕和唐璜的分別是內在的。亞伯拉罕清楚覺得這是神的吩咐，是對的，他親自選擇服從。他對他的行動負完全的責任。如

果有甚麼保證他沒有選錯，那就是他的信心。祁克果對信心的解釋是：「一種內在主觀的熱誠和力量，在它的堅持之下，客觀世界裏面的不確定，可以被轉化成確切不移的真理。」亞伯拉罕就是憑着這個信心獻上以撒，把這件不能解釋的罪惡，轉化成千古傳誦、萬世景仰的行為。一個在宗教生活中的人，每時每刻都要作亞伯拉罕的決定，恐懼地、戰慄地作這些決定。他的慰藉是每時每刻他都可以像亞伯拉罕一樣的偉大。

西方的哲學界透過祁克果的思想，開始了對個人自由的肯定和反省。

6.3 尼采：神已經死亡

「神已經死亡了」——尼采驚人之語

當沙拉圖士查（Zarathustra）孤獨一人的時候，他對他自己的心說：「這樣的事可能嗎？住在森林裏這位年長的聖人，對神已經死了竟然一無所知？」

得罪神曾經一度是最大罪惡。但是，神已經死亡了，犯這個罪的罪人也隨之而死了。

「神已經死亡了！」是尼采最為世人所知，卻又最為世人所誤解的一句話。因為這句話，不少人把尼采視為萬惡不赦的洪水猛獸。有人說，尼采否認神的存在，是個無神

論者。這個說法不大準確，說神已經死亡了，就很清楚表明他相信神曾經存在過。有人說，尼采狂妄，竟然宣判神死罪。這也是強加的罪名。假設我說：「港督尤德死了。」大概不會有人指責我宣判尤德死罪，因為我這句話只是報道一件我信以為真的事。也不能因着這句話就說我反對尤德，憎恨尤德（我說這句話，很可能是含淚說的）。我的話可能真、可能假、可能對、可能錯，但沒有情感在內，沒有批評，也不是宣判甚麼。對尼采「神已經死亡了」這句話，也應該作如是觀。

究竟「神已經死亡了」這句話用意何在呢？當然，這不是記載一件科學事實，或歷史事實。這句話的意思是：在道德的領域裏，已經再沒有立法者了，再沒有一個人須接受的權威了。在生命當中，也再沒有一個必定要服從的主宰了。作為人，我們是完全自由的。我們沒有依靠，必須自己思想，自己解決人生的種種問題，自己決定怎樣活下去。祁克果以為人要負起解釋神的旨意這一個重任，尼采乾脆肯定人的責任不是解釋別人的旨意，而是自己立法，自己替生命訂一個方向，為善惡下一個標準。

神是被人類殺死的，因為歷世歷代我們都把神當作一個逃避責任的藉口。尼采《看這個人》（*Ecco Homo*）這本書裏說：

神是（人類對一切問題）一個粗劣的答案。對我們肯思想的人而言，實在是太不精密，太不夠細緻

了。神，其實只是對我們的一個禁制令，吩咐我們
說：「你不用再思想了。」

這段話實在意義深長。本來根據《聖經》，相信神應該叫人
活得更豐盛，可是，相反地，很多人因為信有神而活得更貧
乏。本來信心是幫助人在困難重重、危機四伏的環境之下，
奮勇直前，敢於嘗試去做更高、更美的事。然而，事實上，
很多人在信心的前提下，逆來順受，完全放棄了鬥志，還
說：「神的美意本是如此。」這個本來給予人希望、力量、
熱愛的神，卻成了人思想的禁錮，人懶惰而不負責任的藉
口。尼采說：「神已經死了。」就是要取消這一切的藉口，
叫人清楚了解他對自己生命的責任，並且負起這個責任。

幾個人類逃避責任的藉口
—— 幾個必須消滅的神

對根本不相信神存在的人，尼采的話：「神已經死亡了」
也不是沒有意義的。歐洲人，尤其是基督教界，用神作為
一個藉口，逃避責任，不思進取，已經有好幾百年歷史了。
可是不信神的人也有其他藉口，這些藉口也可以說是他們的
神。

談到推卸責任，人都是專家。他們的辦法千變萬化，
巧妙無窮。任何本來是用來激勵我們，鼓舞我們，使我們
勇於負責的事物、概念、理論，人都可以把它轉化成逃避責

任的藉口。古希臘神話裏的邁達斯王（Midas）點鐵成金，我們在責任這一個範圍內都懂得點金成鐵。

　　舉一個例，「社會」這一個觀念，本來是用來加強我們的責任感，擴大我們的關懷。香港有青年不務正業，遊手好閒，犯罪吸毒。他們不是我的子姪，不是我的學生，不是我認識的，對我來說，完全是陌生人。可是有了社會這個觀念，他們和我扯上了關係——我們都是社會的一分子。因此，他們墮落，我也要負一點責任，為他們的將來，我應該盡一分力。於是透過社會這個觀念，我和這些表面上與我無關的人關係密切了，因此責任也增加了。可是今日，我們卻利用社會這個觀念減輕責任。子女犯了法，朋友墮落了，我們振振有詞，說這不是我管得了的：「他們是社會的犧牲品。」好像父母的管教，師友的勸勉，在社會巨大的影響下，都完全沒有用。父母、師友都無能為力，只能束手長嘆。社會是最方便的代罪羔羊。我們齊聲罵社會，沒人覺得你是譴責他，因此不會開罪任何人。而一切壞事，又都有了禍首，大家也就心安理得了。其實，社會就是你，就是我，可是我們絕不這樣想。社會像尼采所說的神一樣，是一切問題的一個粗陋的答案，歸根結柢，就是叫我們不用想、不用做，一切都該由這個不是任何人的「社會」負責。

　　另一塊被我們轉變成鐵的黃金，就是我們的理性。理性本來是幫助我們弄清楚事情的始末因由，幫助我們尋得一

個解決問題的方法。可是現在往往不是如此。卡夫卡（Franz Kafka 1883–1924）利用《聖經‧創世紀》裏的故事對我們作了個刻骨的諷刺。亞當、夏娃吃的禁果是從分辨善惡樹上摘取的。他們吃了以後，應該能夠分辨善惡。他們的問題不在於沒有分辨善惡的知識，而在於沒有去惡行善的力量。有了知識，卻沒有能力實踐，是一件羞恥的事。人 —— 亞當的後裔，為了洗脫這些羞恥就發明了道德哲學。從一開始，道德哲學就不是要解決問題，澄清疑惑。相反，是要欺騙自己，叫自己相信：道德問題是複雜的，善惡是不易分得清楚的。因此，就能原諒自己的無能，對自己未能去惡從善，心安理得。我們看看社會上、政府裏，大小不同的研究小組，花了不少人力、時間、金錢，煞有介事地去研究各種問題。其實，問題的答案是明顯不過，不待專家而後才知曉的。缺乏的只是執行的勇氣、愛心及責任心。用中國傳統的話：缺乏的是肝膽，是骨氣。我們似乎不能不同意卡夫卡這個嚴刻的指控：這一切都是自欺欺人，為我們的無能和懦弱找一個藉口。

尼采宣佈：「神已經死亡了！」也就是這些藉口都不再存在了。

尼采的人生三階段

尼采像祁克果一樣把人生分成三個階段。他說：

　　讓我告訴你人精神的三種變化：精神怎樣變成一隻駱駝，駱駝後來變成獅子，最後獅子變成一個小孩。

　　駱駝、獅子、小孩，都是比喻。在成長的過程中，人首先必須如駱駝一樣的忍辱負重。駱駝是一個很好的比喻，牠可以背負很多、很重的貨物。因為牠長得高（一隻成長的駱駝，往往有八、九英呎的高度），所以必須先跪下來，然後人才可以把貨物放上去。跪是謙卑、屈辱的象徵。除了忍辱負重以外，駱駝是孤單的、寂寞的，牠活動的範圍是無人的沙漠。背着重擔，穿過沙漠，走着一個孤寂的旅程，這就是駱駝的生活。「像一隻駱駝跑進沙漠，我們的精神，背着重擔，也走進了沙漠。在孤寂的沙漠裏開始了第二種變化：我們的精神變成了獅子。」

　　獅子是勇猛的。尼采說：

　　在沙漠中（獅子）找到牠最後一個主人。牠要和這最後的一個神搏鬥，爭取徹底的勝利。牠要和巨龍搏鬥。這一條我們的精神不肯尊稱為「我主」、「我神」的巨龍，叫甚麼名字呢？它的名字是「你要！」但是獅子般的精神卻說「我要！」「你要！」攔着路。渾身上下都蓋着金鱗，每一塊鱗片閃爍着：「你要」這兩個金字。

把這條巨龍稱為：「你要！」是尼采神來之筆。我們要斬殺

這條龍，並不是說我們要作天下至尊。只是這條龍往往是我們道德上懶惰的藉口，逃避責任的理由。傳統說：「你要這樣！」我們就這樣；社會說：「你要那樣！」我們就那樣。「先生，對不起，我不是想這樣做的，可是這不由我決定，我只是一個小職員。」這些解釋，我們聽得太多了。在人生的路上，我們都只是一個執行命令的小職員。縱使這些命令是不合理的，並非最好的，我們都不加思索照辦。這條渾身鱗甲的「你要！」，一聲猛喝，我們就俯首貼耳，連聲應諾。

我們的精神堅持「我要」，並不是故意和傳統為敵，只是我們必須承擔我們行為的責任，才是真正的自由人。我們所要的也許和傳統要求我們的一樣：屠龍以後的生活也許和在巨龍淫威下的生活毫無分別。但那是我自己決定的，我自己選擇的，我自己要的生活。

　　創造新的價值，就是獅子也辦不到。可是創造創新的自由，卻是獅子能力之內的。為自己創造這樣的自由，使自己甚至對責任也可以投下神聖的反對票。我的兄弟啊，這是獅子所當做的。對一個肯忍辱負重、值得我們景仰的精神而言，假定我們有創造新價值的權利，是一個最叫人驚慄的假設。

明白我們有創新的權利，明白我們可以對傳統投神聖的反對票，明白我們是自己的主人，那就是屠龍英雄。但屠

龍的獅子還得再變成小孩。為甚麼呢？用尼采自己的話去回答：

> 小孩是天真而善忘的，一個新的開始，一個遊戲，一個自我推進的輪子，第一樂章，一個神聖的「是」。我的兄弟啊！創新這一個遊戲，必須有這麼一個神聖的「是」。

我們必須忘記傳統，忘記所有「你要！」重新開始，肯定自己。這就是為甚麼人的精神，最終要變成小孩。

「神死亡」的後果

「神已經死亡了」這句話，吸引了很多人的注意，但也為尼采招來了不少的批評和非議。其實很多對尼采不以為然的人，根本就不明白這句話，也不要明白這句話。他們認定尼采狂妄，認定他褻瀆了神。在這裏，我無意為尼采辯護，只是指出「神已經死亡了」這句話，尼采是懷着極其沉重的心情說的。在《輕快的科學》（*Die Fröhliche Wissenschaft*）一書裏，他說：

> 你們有沒有聽到有一個瘋子，在燦爛的朝陽底下，打着一個燈籠，走進鬧市，不停地呼喊：「神在哪裏？我正在尋找神。」他周圍的人都不相信有神，因此他惹來不少嘲笑。一個人說：「哈！神不是迷

了路吧？」另一個説：「他是不是像小孩子一樣認錯路，走失了？」「他躲起來了吧？」「他是不是怕見我們？」「他去了旅行？」或者，「他是不是移民了？」他們叫，他們笑。瘋子跳到他們中間，用像利劍一樣鋒鋭的眼光逼視着他們，「神在哪裏？」他喊道：「讓我告訴你吧！我們把他殺死了！他、我，全人類都是謀殺他的兇手！我們怎樣可以幹這樣的事？！怎可以喝乾海洋的水？怎可以把地平線用海綿抹掉？怎可以把地球從太陽引力下釋放出來？現在地球到底朝哪一個方向走？我們到底朝哪方向走？……（現在）還有上下的分別嗎？我們不是在無涯涘的空虛內飄浮嗎？我們難道沒感到空虛的氣息嗎？我們不是覺得越來越寒冷嗎？不是黑夜接着黑夜，無盡的黑夜嗎？神已經死了……我們把他殺死了。這個世界裏最神聖的，最有權力的，在我們的刀下血流盡而死。誰能把他的血從我們的身上洗擦乾淨呢？」

尼采深切了解如果沒有神，生命沒有權威、主宰，會有一個怎樣的後果——越來越冷，黑夜接着黑夜，沒有上和下，人只是在無限的空虛之中飄蕩。宇宙又回復到創世之前，「空虛混沌，淵面黑暗」的狀況。創世的時候，神説：「要有光！」就有了光。可是神死了，我們就要靠自己在同樣的情況下，重建一個有光、有晚上、有早晨的美麗世界。沒錯，神死了，人有極大的自由，但也有極大的責任。

在他另一本名著《善惡之上》(*Jenseits von Gut und Böse*)，尼采説：

> 一個真實的哲學家是統帥，是立法者，他們（下令）説：「世界應該如此如此！」

可是在率領之前，在立法之前，哲學家必須把當下世界的傳統價值仔細解剖，發現在這些價值裏面所隱藏的虛偽和舒適。尼采大概沒有看過祁克果的著述，可是他們兩個的思想有很多地方相同。今日的社會在道德上是太舒適了、太安樂了。四面一看，我們看不見黑暗，看不見危險，看不見不平。就是看到了也沒有因此不安，覺得需要做些甚麼事。我們受到科學精神的影響，看到困惑的事，我們要求解釋，但不要求解決。問題的解決需要理想、遠見，需要人説：「世界不該如此，應該是這樣的，必須是這樣的。」需要人把世界帶到一個和今日迥然不同之處。傳統、信仰、道德規條，今日都變成科學的規律，只能解釋已經發生的，對於將來應該如何是全然無用的。尼采説：「（一個自由人）必須是一個明天的人、後天的人，他是和今天衝突的、矛盾的。他的敵人永遠是理想的今天。」

6.4 卡繆：西西弗斯的神話

二十世紀的人在物質生活上是遠勝於從前，也享有前所

未有的自由，可是往往也感受到從未經驗過的無聊和空虛。

> 起床、坐車、在辦公室或工廠工作四小時；
> 吃飯、坐車、工作四小時；吃飯、睡覺。星期一如
> 此、星期二如此、星期三、四、五、六也都如此。
> 大部分的時間就是在這樣一成不變的節奏下度過。
> 直到有一天，我們問：「為的是甚麼？」

這就是法國存在主義者卡繆在《西西弗斯的神話》(The Myth of Sisyphus) 一書內對現代人生活的描寫。我們反省一下，這也是今日我們生活的寫照。只是我們恐怕還在渾渾噩噩的過活，還未到問：「這到底為的是甚麼？」這個階段。

卡繆問了「為的是甚麼？」，他醒悟到現代生活的無意義。從《西西弗斯的神話》這個書名，我們看到卡繆對這個問題的答案。

西西弗斯是古希臘神話中的一個皇帝，聰明絕頂，屢屢欺騙奧林匹克諸神，甚至死神也被他愚弄。他在無意中撞破了宙斯的姦情，結果奧林匹克諸神懲罰他，要他把一塊圓石推到山上，安放在山巔。當他辛辛苦苦把石推到了山頂，一放開手，石頭便又「骨通」、「骨通」滾回山腳。西西弗斯又得重新再推，一步一步地再推。他的時間、精力，甚至整個生命，就耗費在這勞而無功的工作上。人生就像西西弗斯的命運，如果不是上帝的懲罰，起碼是上帝的作弄，給人類開一個大玩笑。

　　《西西弗斯的神話》開卷第一句:「真正嚴肅的哲學問題只有一個,那就是自殺的問題。究竟值不值得繼續活下去?回答了這個問題,也就回答了哲學的基本問題了。其餘的——世界是否有三度空間、人的心靈有九個抑或十二個境界——都是後來的。」面對像西西弗斯的命運,我們到底要不要活下去?要怎樣活下去?

　　有人認為卡繆的哲學是種灰色、悲觀的哲學。很多年前,我聽到台灣有一位年青作家,蹈海自殺。岸邊——他蹈海的地方——放着一本翻開了的《西西弗斯的神話》。把人生看成西西弗斯滾石一般的無聊,以人到底應否結束他的生命為最基本的問題,那還不是灰暗?那還不夠消極、悲觀?假如這是《西西弗斯的神話》的結論,那麼,卡繆的思想無可否認是悲觀的、頹廢的。可是這只是全書的開端。我為那位蹈海自殺的作家感到可惜,因為只要他堅持下去,把全書看完,九十頁之後,《西西弗斯的神話》全書最後的一句話是:「我們必須想像西西弗斯是快樂的。」

西西弗斯是快樂的

　　西西弗斯被奧林匹克諸神懲罰,要他把一塊圓石滾放至山巔。他的時間、精力,全都浪費在這件勞而無功的工作上。根據卡繆,人的生命也就像西西弗斯的刑罰一樣沒有意義。人生是荒謬的,因為我們的理想、我們的願望,都

是和事實衝突、矛盾的。我們最高的理想是要明白宇宙的一切，可是宇宙間的事往往是非理性的；我們最大的願望是長生不死，可是死亡卻是人類必然的結果。人生處處事與願違，這個情況是沒有可能解決的。倘使我們仍然存着希望，那只是自欺，只是一個幻想。因此有人批評卡繆的思想頹廢、悲觀。其實，到此為止，卡繆只不過提出了他認為是事實的看法，對這個看法，我們可以否定或肯定，但不能說是悲觀抑或樂觀。就如醫生對我說：「你患了無藥可救的癌症。」他的診斷可以是對，可以是錯，但既不是悲觀，也不是樂觀。假若我的確生了癌，就是最樂觀的醫生，也不能歪曲事實說我可以活到一百歲的。悲觀、樂觀，只能是我對醫生診斷的反應的描寫。卡繆在《西西弗斯的神話》的序言裏提醒我們：「請諸位留意，一直以來，人都把人生的荒謬看成一個結論，在此這只是一個出發點。」面對荒謬的人生，我們怎樣活下去？西西弗斯應該怎樣過他的滾石生涯？卡繆說：「我們必須想像西西弗斯是快樂的。」他的哲學是樂觀的，從這句話就可以看出來了。

　　刑罰到底是不是刑罰，往往是決定於受罰者的。馬克吐溫（Mark Twain 1835-1910）小說《湯姆莎耶》（*Tom Sawyer* 或譯作《頑童歷險記》）說到湯姆莎耶被姑母所罰，要粉刷院子的籬笆，不得出外玩耍。開始的時候，他的朋友帶着球棒、魚竿，騎着腳踏車經過，都取笑他。可是湯姆一言不發，專心致志地粉刷，喜氣洋洋，怡然自樂。慢慢地其他

的小童不再取笑他了，有些更請求湯姆讓他們也來刷一下。起初湯姆拒絕了，這樣有趣的工作他捨不得讓別人幹。後來，他勉強地讓他們代刷一段時間，收費一個銅板。結果，鄰近的孩子都來了，排着隊等着代湯姆粉刷籬笆。他自己則躺在樹下，優哉游哉。一陣子，籬笆刷好了，湯姆的口袋還塞滿了銅錢。

假如我們的生命真的像西西弗斯的刑罰，也許我們可以學頑童湯姆。西西弗斯如果快快樂樂地推石，面帶笑容地推石，樂在其中地推石，被愚弄的是坐在奧林匹克山上的各個神祇。同樣如果我們高高興興地過我們的生活，被嘲弄的不是我們，是我們的命運；失敗的不是我們，也是我們的命運。因此，我們必須認定西西弗斯是快樂的。

6.5 沙特：「沒有」的變奏

「沒有」這個觀念是怎樣來的？

人到底和其他動物有甚麼不同？歷史上有很多不同的答案：有說人是理性的動物，有說人是用兩足走路的動物，是社會動物，是政治動物。……假如我們問法國存在主義思想家沙特，他的答案很可能是：「人是唯一能把『沒有』（nothing）這個觀念帶到世界上來的生物。」

沙特在哲學上的名作是 *L'être et le néant*，中文一般譯

成《存在與虛無》。「虛無」這個詞譯得不太妥貼，太重、太玄、太形而上了。法文「néant」這個字，其實就只是作「沒有」解。譬如表格上有一項：「欠債多少？」要是沒有欠債，就可以填上「néant」這個字，如果用中文，大概不會有人填上「虛無」吧？「虛無」不只譯得不妥當，而且把沙特全書構思精彩處弄得隱晦了。還是譯成「沒有」似乎好一點。

古希臘哲學家巴曼尼迪士（Parmenides 公元前六至五世紀）認為「沒有」是不可能存在的。因為如果存在那就不是「沒有」了。這很清楚說明了沙特這本書的出發點。客觀世界裏「沒有」的確是不能存在的。然而，在我們日常生活中，每天用上「沒有」這個詞何止百次？顯見這不是個毫無意義的詞，而且我們都明白「沒有」的意義。究竟這個詞怎樣產生？是甚麼意義？透過這個簡單的問題，沙特在書中討論到人究竟是甚麼，而且有非常精闢的見解，極不尋常的答案。

例如，你來找我，學校膳堂的人說：「陳永明沒有來。」你到膳堂一看，只見人頭湧湧，都是在膳堂的人，並沒有看見陳永明不在膳堂。你找港督，學校膳堂職工說：「港督沒有來。」你會覺得這句話答得有點古怪。假如有人在找英女皇，膳堂職工說：「英女皇沒有來。」你更會覺得答得荒謬。可是其實港督、女皇，都不在膳堂，證據也是一樣。這個例子是要顯示出「沒有」這個觀念，是在期望和現實衝突之下才出現的。你期望在學校膳堂找到我，然而期望落了

空，陳永明沒有到膳堂。我們沒有想到港督會在學校膳堂（雖然他有可能在那裏），因此沒有和現實衝突的期望，「港督沒有來」這句話就顯得有點古怪了。英女皇在學校膳堂喝青紅蘿蔔豬蹄湯，吃乾炒牛河，那簡直匪夷所思，我們不止沒有想過女皇會在那裏，甚至認為這個想法是荒唐的，因此說「英女皇沒有來」也就是荒謬了。沒有一個和實在環境衝突的期望，「沒有」這個詞就用得不得其所了。

　　除人以外，其他動物亦可以有期望：一隻狗，每天下午五時三十分在大門口期望主人回來。要是等待不到，也應該有「沒有」的感覺。不過這個期望是由習慣培養出來的。過去，每天下午五時三十分主人都回來。期望不是那隻狗帶來的，而是習慣養成的，「沒有」這個感覺是因為習慣破壞了而產生的。並非由習慣培養出來的「期望」只有人才具有，透過這些期望，其他形式的「沒有」便在世上產生。

一首以「沒有」為主題的哲學變奏曲

　　「沒有」這個概念是期望和現實衝突而產生的，沒有期望，世界上也就不可能有「沒有」的存在。而「沒有」是可以以不同的形式出現的。無論是哪一個形式，它都是在有人的世界出現，它都幫助我們更了解甚麼是人。

　　「缺欠」就是「沒有」的另一種形式，沙特在 *L'être et le néant* 裏，有一段說到「缺欠」：「在只有物件的世界中是不

會有缺欠這件事的，……只有在有人的世界才會有缺欠。缺欠包括三個因素：缺掉了的那部分，……存在的那部分，……和這兩部分合成後的整體。」只有人能超越存在事物的本身，看到那個尚未存在的整體，而且又覺悟到它比存在的更完整，然後才會悟到缺少了一部分，才會有缺欠這個感受。舉一個例：一個室內設計師走進我的客廳，看了一看說：「那邊的牆欠一張畫，這個角落缺一瓶花，咖啡几下該有一張淺棕色的地氈。」我的客廳有家具，有陳設品，也掛有字畫，哪裏有甚麼缺欠？可是室內設計師心裏有一個理想，他看到客廳可以更美、更舒適，所以他看到現狀的欠缺，看到現存事物中的一些「沒有」。這種我們稱為「缺欠」的「沒有」，已經不是期望和現實的衝突了，而是理想和現實之間的距離。理想和期望不一樣，期望可以由習慣培養出來，而理想卻不能靠習慣產生。我們需要理想才可以看到這個世界所缺欠的，這是人獨有的本領，是人為萬物之靈的原因。四十多年前，羅拔・甘迺迪（Robert Francis Kennedy 1925-1968）遇刺身亡。在他的喪禮中，愛德華・甘迺迪（Edward Moore Kennedy 1932-2009）致悼詞說：「一般人只看到世界上所有的，然後問：為甚麼？我哥哥卻看到世界上所沒有的，並問道：為甚麼沒有？」也就是強調人這一點的超越，人這一點的光輝。

　　另一個形式的「沒有」就是「可能」。沙特認為只有人類才明白「可能」的意義，只有在人的社會才有「可能」這件

事。如果把「可能」當成數學名詞，那就不限於人類社會，動物也有可能。我明天可能回不了學校，因為我可能病了，交通可能大擠塞……這是數學上的可能，也因為我們不是全知，很多預測不到的事都會發生。但沙特所說的可能不是這種。當氣象學家看到天上的雲，說：「下午可能有雷暴。」這是因為他比我們懂氣象，比我們多知識，看到雲可能帶來雷暴。人和其他動物不同，他有本領超越現存的事物，看到未來，看到未發生的事，看到現存的事物可以怎樣利用，以帶出一些美好的結果，看到其他動物，甚或一般人，連夢想也未夢想過的奇妙。只有人能把「沒有」帶進世界來，就是這個意思。

音樂上有所謂變奏曲。作曲家用一個簡單的旋律，或幾個音調為主題，通過變奏的作曲技巧，作出一首華麗、動人的樂曲。沙特的 L'être et le néant 可以說是以「沒有」這一個簡單、平凡的觀念為基調的一首繁富而精妙的哲學變奏曲。

6.6 誠實的思想家

自由的重擔

自由是個令人欣喜、興奮，叫人歡呼、鼓舞的信息，中國古代《莊子‧逍遙遊》也有說自由，裏面所說的是逍遙無

礙，就如終篇所云：

> 樹之於無可有之鄉，廣莫之野；彷徨乎無為其
> 側，逍遙乎寢臥其下；不夭斤斧，物無害者，無所可
> 用，安所困苦哉！

可是同樣的題材，轉到二十世紀的一些存在主義哲學家的手中，便變成沉重的荒謬，並且帶來了怯懦的墮落，完全沒有無礙的逍遙那種味兒，究竟是甚麼原因呢？因為他們所強調的是自由的伴侶──自由所帶來的責任。

沒有責任的自由是最快樂的事。錢花光了，兩手一攤，父母又送上一萬幾千；事辦不成，拍拍手說聲抱歉，甚麼後果都不必面對，這樣的自由你要我要，大家都要。很多年前，一份學生報發表了攻擊某職員的文章，有人指出這些指控還未證實。編輯第二期發表聲明：倘若對當事人有任何損害，他負全責，真是氣概萬千！不過他未曾清楚了解，真個要他負全責到底是怎樣一回事，也沒有想過究竟是否負得起。這也就是我們很多時對自由的態度，未曾明瞭自由的責任。

當我們面對責任，又清楚知道裏面所包含的意義，自由便不一定是一件我們樂意接受的事，甚至忽然間，變成一件要千方百計擺脫的事。討厭的官僚作風，其中最惹人討厭的便是沒有肯負責的人。藉口是：這不是由我決定的，我管不了，改不了，因此也負責不了。由不得我，沒有自

由，便是推卸責任的最佳藉口，官僚必備的萬應擋箭牌。

　　存在主義者要和我們討論人類的自由，特別強調的是自由的責任。一些存在主義思想家認為人有絕對的自由，因此也有絕對的責任，他們沉重的信息便是這樣來的。

無神的存在主義

　　很多人問我：「存在主義哲學和基督教信仰有沒有矛盾衝突？」這個問題不容易回答，因為存在主義涵蓋的範圍太廣了。祁克果、尼采、海德格（Martin Heidegger 1889-1976）、沙特、卡繆、耶斯伯司（Karl Jaspers 1883-1969）、馬素爾（Gabriel Marcel 1889-1973），都有人把他們的哲學稱為存在主義。如海德格、卡繆，都曾經公開否認他們是存在主義者，但儘管否認，一般人仍然視他們為存在主義哲學家，甚至，如海德格，更被視為存在主義中的重要人物。在這許多的存在主義思想家裏，他們有不少的理論是和基督教信仰衝突的，可是也有不少是沒有矛盾，而且和基督教相輔相成的。前者，我們稱之為無神的存在主義者，代表人物包括：尼采、沙特、卡繆；後者是有神的存在主義者，其中的表表者是祁克果、耶斯伯司和馬素爾。上面的問題難答，因為看你指的是哪些存在主義，便有不同的答案。

　　無神的存在主義者的出發點是宇宙之中沒有神。首先我們必須弄清楚，他們所謂「沒有神」是甚麼意思。否認神

的存在起碼有兩點重要的意義，對一般人而言，最主要的是否認一位造物主。這是歷史上的否定，或者科學上的否定。換言之，說宇宙間沒有神，就是說，循時間向過去追溯，我們不能找到一位造物主作為宇宙起點，或者：科學不能證明造物主的存在。可是在過去的一、二百年間，否認神的存在，主要的含義，起碼對哲學家而言，再不是否定有造物主了，而是認為宇宙間沒有先驗的秩序和目的。這種否認不是歷史上或科學上的否認，而是哲學上或宗教上的否認。

我們看看尼采。尼采說：「神已死亡了。」這句話便清清楚楚表示他要否定的不必是過去的造物主，而是現在維持秩序、為人訂定目標的主宰，或者直接一點，他反對的是先驗的人生秩序和目的。因此，我們要對生命負全責。

繼承尼采的無神的存在主義者，都不一定反對造物主，他們想要否定的是：先驗而又永恆的人生秩序和目的。洛克的知識論，認為從知識的角度去看，人的心靈開始的時候是一片空白。無神的存在主義者要把洛克的知識論觀點，延展到人的整體，這就是沙特的名言：「起初人甚麼都不是，慢慢才自己建立起自己來」的意義。沒有先驗的、永恆的秩序和目的，便是無神的存在主義的前提。

無神的存在主義者的前提是宇宙沒有神，意思是宇宙人生沒有先驗而又永恆的秩序和目的。尼采在宣佈神死亡以後，把世界描寫成沒有方向；沙特提出「存在先於本質」時

說：一切被造之物都必先以概念形式存在於造物者之內，惟有人是先出現，然後再肯定自己是甚麼。這都指出「沒有神」就是否定了先驗的秩序和目的。人開始是一片空白，必須自己在空白中建造自己、創立世界。基督教相信一個從無變有的神，而無神的存在主義者認為這就是人自己。

說這個是無神存在主義者的前提和出發點，意思是說他們沒有列出這個看法的證明。尼采是宣佈神的死亡，他沒有證明神的確死了。他的哲學是從這個前提推衍出來的，卻沒有證明這個前提是正確的。沒有神，在他們而言，就和基督徒相信有神一樣，是一個前提、人生態度的基石。他們有理由不相信神的存在，就如基督徒有理由相信神存在一樣，換言之，他們和基督徒所堅持的都不是反理性的，然而他們都沒有百分之一百，甚至沒有比對方更強的證明來支持己說。我看今日有頭腦的哲學家都不會在證明神存在與否的問題上糾纏下去的了。

我很佩服無神的存在主義者，因為他們對自己的哲學絕對忠誠，而且思路清晰，面對推理得來的結果，半點不妥協、迴避。假如宇宙人生裏面沒有神，我們必須對生命負全責，他們的思想：如尼采的忠於地球，沙特的創造道德，卡繆的反抗哲學，也就是唯一可接受的思想，最誠實的人生態度。

在沒有神、沒有永恆和超時空的標準下，人必須自己創造自己的情況下，我們應該怎樣活下去？德國詩人威廉．

繆勒（Wilhelm Müller 1794-1827）的短詩《勇氣》最末一節：
「勇敢地、快樂地，我奔向前方，那管它雨打風吹，如果上
帝不在人間，那就讓我們作人間上帝！」存在主義者把作人
間上帝所包含的責任、困難、危險，都一清二楚地排列出
來：那是沙拉圖士查的世界，是西西弗斯的命運，是馬素的
荒謬，是利爾醫生的辛勞。當你看得明白以後，你會不會
像卡藍門司一樣逃避、墮落，以不斷的懺悔、無盡的懊惱來
掩飾自己的怯懦，推卸自己的責任？〔註〕我尊重、欽敬無神
的存在主義者，因為，如果以沒有神為前提，再沒有比他們
更誠實的思想家了。

〔註〕卡繆認為人生是荒謬的，因為我們不能避免死，所有生命的工作，就
　　　像西西弗斯滾圓石上山，一釋手圓石便又滾回山腳。西西弗斯的工作
　　　盡都徒然。

　　　我們怎樣處理人生的「荒謬」呢？馬素（Mersualt）是卡繆小説《異鄉人》
　　　的主角。他的方法是忠於這個「荒謬」的事實，拒絕説謊──説多於
　　　一切超於真實的説話──也就是否定死亡的説話。

　　　利爾醫生（Dr. Rieux）是卡繆小説《瘟疫》的主角之一。他在被隔離的
　　　瘟疫城中專心抗病，他説：「喜歡也好，不喜歡也好，我是屬於這裏
　　　的，這裏發生的事是大家的事……絕不仰望天上沉默的上帝。」他選
　　　擇為荒謬的現實辛勞，而不是尋求解釋。

　　　卡藍門斯（Jean-Batiste Clamence）是卡繆小説《墮落》的主人翁。他看
　　　到一個女孩子墮河。可是並沒有跳進水裏救她，也沒有報警，頭也不
　　　回地離開了現場。他事後很後悔，卻對自己説：「再給我一次機會〔救
　　　那女郎〕吧」。可是卻清楚明白而且感到幸運，第二次機會永不再來。
　　　他是把人生的荒謬當為不負責任的一個懦弱藉口。

7

語言和哲學

7.1 文字和圖畫

語言和思想

　　人為萬物之靈，懂得使用語言和文字是非常重要的原因。可是語言文字也限制了人類的思維，影響了我們對外面世界的了解。如果語言是外在世界的圖畫，這些圖畫精確到怎樣的一個地步呢？這個問題不容易回答。因為明白外面的世界，研究外面的世界，都不能離開語言。我們無從把透過語言所認得的世界和並非透過語言所認得的世界來比較，語言到底怎樣左右了我們對外面世界的了解，就不容易弄得清楚了。可是今日很多人懂得兩種或兩種以上，而且往往隸屬不同語系的語文，只要留心觀察，不難發現有些事物和問題在一個語言裏出現，在另一個語言卻沒有出現；在一個語言裏是很重要的問題，在另一個語言裏卻完全不重

要。這類問題就很有可能只是語言上面的問題，未必和外面的世界有甚麼關係。

舉一個例，「存在」（being）在西方哲學裏是個非常重要的問題。從柏拉圖開始，「存在」就是哲學討論的一個重要課題。二十世紀的西方哲學名著不乏以「存在」為題的，如海德格的《存在與時間》（*Sein Und Zeit*）、沙特的《存在與虛無》。「存在」是英文「to be」或「being」（或其他歐洲語文裏的同義詞的中譯，這個翻譯其實非常勉強）。

「To be」這個動詞在英文裏是非常普通的常用語，但在中文裏卻沒有和這個相類的詞彙。「存在」一詞在中文裏根本就很少用得着，和「to be」在英文裏的普遍性，不可同日而語。而且「存在」的意義和 to be 或 being 有很大的分別。英文句子：「God is」譯成「上帝存在」，那的確很妥貼，可是「God is」這類句子，在英文中絕無僅有。而「to be」的其他用法，翻成「存在」都不很妥當。譬如：「There was a poet named Shakespeare」我們應該譯為：「從前有一位名叫莎士比亞的詩人。」如果翻成：「詩人莎士比亞曾經存在過」，那就是使人不忍卒睹的彆扭歐化句子。至於「He is tall」，我們就只能譯為：「他很高。」句子裏的「is」根本就不必管。倘若翻作：「他是以很高的形態存在」，那就不是彆扭，簡直不是中文了。

可是討論「being」的時候，所有「to be」和「being」的意思和用途都包括在內。因此凡是討論「being」的西方哲學

論著，都很難譯，也很難懂。也許這些有關「being」的問題，根源在於西方的語言，和真實沒有甚麼大關係吧。

語言引生的哲學問題

語言雖然是描述實在世界和思維的良好工具，但亦有其本身的限制和可能帶來的歪曲。有些我們認為重要，甚至看成關乎最基本事實的哲學問題，很可能只是語言製造出來的，和實在世界無關。證據是：這些重要的哲學問題，有時只出現在一種語言、文化的社會裏，在不同語言、文化的社會裏並沒有出現，而且要把這些問題從一種語言譯到另一種語言，或者從一個社會移到另一個社會，往往非常困難，甚至不可能辦到。前節我們就舉了「being」的討論為例。

現在讓我們再看看語言帶來的另一種可能的歪曲。「認知過程」是一個現代中文詞彙，很明顯地這是「knowing process」一詞的中譯。「To know」是動詞。動詞指示一種動作，因此「to know」也就是一種動作。然而，這個動作和跳舞、游泳不一樣，不是他人可以觀察得到的，因此是一種內在——心裏或腦海中——的活動。活動有一個過程，所以「to know」也有一個過程。本來「to know」最妥貼的中譯就是「懂」。「He knows Chinese.」「他懂中文。」「He knows how to make won-ton.」「他懂得包雲吞。」但懂不能有過程，所以「knowing process」又譯成「認知過程」。把恰當的「懂」

字擱置一旁，換上這個生硬的「認知」了。

我不知道為甚麼「to know」被視為動詞，其實它和其他的動詞有很大的歧異。比如「計算」，也是動詞，而且有人把它看成內在的活動，可是計算有快有慢，可以對可以錯。但是我們不能說：「He knows slowly.」，也不能說：「He knows wrongly.」。懂是沒有快慢，沒有對錯的，懂就是懂，不懂就不懂，沒有懂錯了這回事的。所以要是懂是動詞，也是一個特殊的動詞。英人萊爾（Gilbert Ryle 1900-1976）把這些動詞稱為「成動詞」（achievement verb），「成動詞」另一個例子就是「到達」（arrive）。「到達」也是被視為動詞，但指的是甚麼動作呢？到達也是沒有快慢，沒有對錯。到達了就是到達了。這些成動詞雖然是動詞，在語法上或者必須遵守一切和動詞有關的規則，但不能因此便認為在實在世界裏便一定有和它配合的動作，更不能因此而認定它們一定也有其他動作的質性，例如一定有一個過程。

知識論裏一些問題，例如「認知過程」包含甚麼步驟？為甚麼知識（knowledge）一定是真的等等，很可能像有關「being」的問題一樣，和實在世界無關，只是因為語言而產生的。

文字是不是圖畫？

傳統上一般的看法都是把語言和文字看成一種符號，這

些符號代表了現實世界裏面的一些事物。譬如:「小橋」這一個詞語,就是指現實世界裏的某一種建築物;「梅花」就是指自然界的某一種花卉。我們說話的時候,就是把這些符號,按照訂下的規則組織起來,構成一幅更複雜的圖畫,代表了現實世界內一些景物或事情。根據這個看法,語言和文字跟所描繪的事物之間的關係就像樂譜和依譜奏出來的音樂之間的關係一樣。作曲者在紙上畫上五條線,然後加上一些不同的符號,依着訂下的規律排列並組織起來。演奏者學習了這些符號的意義和組織的法則,就可以看着樂譜,把作曲家所想到的音樂演奏出來。樂譜的線條和符號並不是聲音,但在懂得的人而言,卻是可以翻成聲音,奏為音樂。同樣,語言、文字只是一些聲音和紙上的符號,不是現實世界裏面所有的事物,或所發生的事情。但在明白那種語言文字的人而言,語言文字的確可以翻成事物或事情,使他們可以「看到」說話人看到的事物,可以明白說話人所要傳達的事情。對語言、文字這一個看法,我們稱之為「畫圖說」。

如果我們接納「畫圖說」,那麼,學懂一種語文,就得學懂那種語文裏面的詞彙到底指的是甚麼東西。教孩子語文用看圖識字的方法:「花」字是甚麼意思?在字旁繪一朵花;「狗」字指的是甚麼?在字旁畫一隻狗,就是運用這個原理。「畫圖說」究竟有甚麼不妥當的地方呢?

語言裏有很多詞彙指的不是外在世界的事物,而是人的

感受。就如：「愛」、「恨」。我們先從比較簡單的感受說起吧。比如「痛」字，根據「畫圖說」，「痛」是指一種感覺，要明白這個字的意思，要準確地運用這個字，必須明白「痛」字指的是怎樣的一種感覺。我們兩人在球場上碰在一起，頭破血流，同感痛楚，都在叫痛。可是你的痛和我的痛到底是不是一樣呢？怎樣去檢定是不是一樣呢？我們說：我們的感覺都是因為碰撞而產生的，所以都可以說是痛。這樣說當然可以，但這已經不再是「畫圖說」了。我們看一個例子：下了一場春雨，甲說：「我後院長出了很多菌狀植物。」乙也說：「對了，我後院也長了不少菌狀植物。」我們到他們後院一看，甲的院子的確長了不少野菇，而乙的院子只是長了不少野草，依着「畫圖說」，乙是說錯了，雖然那些野草和甲院子裏的野菇都是一場春雨後長出來的，可是「菌狀植物」指的不能是野草。可是「痛」這個字，我們卻不能有一幅「畫圖」可以告訴人，如果你有這一種感覺就用「痛」字去形容吧。因為每一個人都只能感受到他自己的痛楚，不能感到別人的痛楚。我們無法印證甲和乙一起叫痛的時候，他們是不是有同一的感覺。

7.2 韋根思坦的甲蟲

盒子裏的甲蟲

接受「畫圖說」的人認為一個字或詞，都是指外在世界的事物，換言之，字或詞是外在世界的事物、動作或關係的名字。學習一種語言，就要學懂該語言裏面的詞彙指的是甚麼。可是把這個理論應用到指涉人的感受的詞彙時，便遇到困難了。舉例說：「痛」字究竟是不是人的一種感受的名字呢？明白「痛」字的意義是不是要「看」到它所指示的那種感受的「圖畫」呢？如果答案是正面的，那麼說到別人的痛楚的時候，我們既然無法感受得到他人的痛苦，我們又怎能判斷我們用「痛」字，到底用得對不對呢？換句話說，倘若「畫圖說」成立的話，「痛」字所指示的那種感受，只有感到痛的那個人才清楚。每一個用「痛」字的人，心中都有一幅只有他自己明白，卻不能呈示給別人知道的私家「圖畫」。「痛」字就沒有客觀、確定的意義了，一切包含「痛」字的詞句也就不能客觀地判斷它的真假了。

韋根思坦用了一個很生動的例子來解釋上文所說的：

> 有人告訴我，他從他自己私人的感受知道痛是怎樣的一種感受！——假設我們每一個人都有一個盒子，盒子裏放了一件東西：我們叫這件東西為「甲蟲」。沒有人可以看到別人盒子裏面的東西。每一個

人都是靠着自己盒子裏面的東西而説他知道甚麼叫甲
蟲。──其實，每個盒子裏面的東西很可能絕不相
同，這件東西甚至可能常常改變。假使「甲蟲」這個
詞是我們語言的一個詞彙，那麼這個詞彙絕對不可
以是某一件特定事物的名稱。在我們的語言遊戲裏
面，盒子內那件東西是完全沒有地位的，它根本不必
存在，盒子可以是空無一物的。……這就是説，如
果我們認為語言是按着「名稱和事物」這種模式運作
的話，所指的事物究竟是甚麼我們大可不必考慮，因
為它是完全無關痛癢的。

在上述的引文裏，韋根思坦並非反對一個人可以有痛楚
的感覺。他只是指出，在語言上，「痛」這個字和我們感到
的痛楚是沒有關係的。因為如果「痛」這個字是我們所感到
的痛楚的名稱，那麼「痛」這個字就沒有客觀的意義，沒有
人能判定到底我們有沒有錯用這個「痛」字。不止「痛」字
是如此，一切我們通常認為是人的感受的稱謂的詞彙也都如
此。這些詞彙都不能是人某種感受的名稱，這些詞彙的意
義都和人的感受沒有關係。就像上述甲蟲之例，雖然説「甲
蟲」是盒子裏面那件東西的名字，其實在語言上這個詞彙是
不能和盒內的東西有甚麼關係，盒內的東西到底是怎麼一個
樣子，和「甲蟲」這個詞，完全沒有干連。

可是，在日常生活裏面，我們用了不少和我們感受有關
的詞，如：痛、快樂、愛、恨等等。如果它們其實都和人

的感受無關，那麼它們的意義是從哪裏得來的呢？這些字彙是依據甚麼模式來運作呢？

語言和生活方式

如果「痛」這個字不是痛楚這個感覺的名稱，那麼，在我們的語言裏，「痛」字到底指的是甚麼？有甚麼功用？一般人都相信語言只有一個功用，那就是把我們心中所想的傳達給他人，無論所想的是甚麼，有關房屋的也好，有關痛楚的也好，有關善惡的也好，甚麼都好。我們心中這些意念，就是透過語言，描述給別人知道，這就是運用語言唯一的目的。韋根思坦認為，只要我們毅然地、決絕地揚棄了這個成見，這些問題和困惑就都迎刃而解了。那就是說，我們必須明白，在語言中有很多的詞彙，包括「痛」字在內，並不是用來描寫我們的感受，而是另有功用的。

那麼語言還有甚麼功用呢？舉例說：我打了個呵欠，這表示我睏了。但呵欠並不是一個詞彙，不是睏了的同義詞。小孩子摔了一跤，大哭起來，這表示他摔痛了，或者受了驚，然而哭聲不是一個詞彙，不是痛或驚的同義詞。呵欠和哭喊並不描述一種內心的感受，它是自發的。如果有甚麼功用的話，它們的功用就是引生其他人的某種反應。我們在別人家作客，談到深夜十一時，主人一連打了三個呵欠，我們就曉得應該告辭了。主人的呵欠並不是他內心某

種感受的名稱，我們不必明白呵欠是指怎樣的一種情感，我們告辭就是對呵欠的合理反應。

韋根思坦認為語言的另一種功用就是透過語言獲取我們希望得到的反應。語言並不只是描述，而是生活中一種工具——達到我們希冀的目的的手段。他說：「語言中的詞彙，很可能和人原始、自然表現感情的方法有關——語言取代了這些表達感情的方法，小孩子感到痛的時候，他哭喊。成年的人慢慢教導他（不要哭），用語言來表達。換句話說，他教導孩子換上一套新的行為來表達痛苦……就是用『痛』字代替了哭鬧。」我們聽到孩子哭，不會問他的哭描述甚麼。我們聽到孩子哭，正常的反應是看看孩子需要甚麼。如果我們因為孩子哭而關注孩子的需要，我們便真的懂得哭的意義了。「痛」字的運用就和哭聲一樣。我們關心的不該是它描寫甚麼感受，而是我們該怎樣回應，尋出說痛的人的需要。

因此，韋根思坦相信，語言的運作並不是像「畫圖說」所云，按着名稱和事物相匹配的模式進行。語言的運作像一個遊戲，每一句話的目的是引生其他人的一些反應，使其他人作出一些行為。學習一種語言，並不是靠字典把每一個字彙和外在的事物配搭起來。學習一種語言是學習一種遊戲的規則，學習一種生活。當別人這樣說的時候，我們便該這樣做；當他那樣說的時候，我們便該如此回應。每一種語言都代表了一種不同的生活，都有不同的規則。

看圖識字，靠字典學語文，只是最早的一步，往往是不太重要的一步。學一種語文是學習用那種語文的人的生活。

哲學和語言的誤會

　　語言並不是圖畫，學習語言是學習一種生活模式，這又怎麼樣？韋根思坦後期的理論有甚麼了不起？為甚麼過去多年在西方的哲學界掀起這麼大的反響？

　　韋根思坦認為不少哲學問題都是因語言的誤會而產生的。他說：「哲學是一場仗，一場對抗語言怎樣蠱惑我們理智的仗。」在另一處他又說：「哲學……是抵抗種種表達方法對我們的迷惑的鬥爭。」很多重要的哲學問題，其實都是語言帶來的，和現實沒有關係。比如，在語言上我們往往把一些不同的事物，冠上同一的稱謂。因為我們接受了「畫圖說」，下意識地相信每一個詞彙必定有一幅對應的「畫圖」，而這幅「畫圖」是該詞彙意義的基礎。既然這些不同的事物，都有同一的稱謂，所以他一定擁有同一的「畫圖」，這就是他們的本質。每一類的事物都有一個本質，要認識該類事物，必須尋出它的本質。這種「本質說」，就是由於對語言的誤會而產生的。韋根思坦並不是否定有些同類的事物是有相同的本質，他只是認為並不是每一類有同一稱謂的事物，都是有相同的本質。有時，事物的歸類並非由於本質的相同，他說：「哲學上的疾病，其中一個主要的原因

是——只吃一種食物：只用一種例證來培養我們的思維。」

　　又如，不少哲學家認為一個人的內心世界，雖然「如人飲水，冷暖自知」，但卻是最重要的一個世界，是我們人類知識的重要基礎。韋根思坦相信這也是接受「畫圖說」的後果。我們下意識的相信，一切指涉人的感受的詞彙，如果有意義，都是因這些詞語是這些感受的名字，可是究竟這些感受是怎麼樣子，只有感受的那一個人才知道，其他人絕對不可能了解。這個不為外人所知的內心世界卻是一切和人類感覺有關的詞彙的基礎，那又怎能不是頂重要的呢？如果我們否定了「畫圖說」，了解到語言運作是有多種不同的形式，這個神秘的內心世界，雖然不能否定它的存在，卻在語言上、知識上，失去重要性了。韋根思坦在早期作品內曾經說過：「所有可以思考的事，都是可以想得清楚的，所有可以用文字表達的事，都一定可以表達得清楚，所有可以說的事，一定可以說得清楚，否則我們便應該沉默。」這個原則，後期的韋根思坦仍然是堅持的。只有自家才清楚的內心世界，韋根思坦是不能接受為知識的一部分，也不能接受為語言的一個基礎。這個神秘的世界之所以被認為重要，因為，用韋根思坦的話：「我們不了解，我們運用語言去計算，利用語言去辦事，隨着時間的進展，我們卻把語言看成圖畫，一時是這樣的一幅圖，一時又是那樣的一幅圖。」

　　韋根思坦的重要是打破了傳統哲學幾個牢固的觀念，指出了一些新的方向，是前人未曾想過，未曾走過的。這些

新方向可以應用於不同範疇的探索，得出不少很有啟發性的結果。

韋根思坦的影響

很多哲學問題是由語言的誤會而產生，這一個看法，並不是韋根思坦獨有的。其他的哲學家也有過這樣的看法。可是他們解決問題的方法是企圖改善語言。他們認為我們的日常用語不太準確、不太精密，毛病很多，產生了很多不必要的問題。如果把日常用語改得精密、準確，好像科學的方程式，或者邏輯方程式，那就天下太平了。

韋根思坦卻不是這樣想：

> 倘使我們以為在哲學裏，我們需要一種和日常用語不一樣的理想語言，那是錯誤的想法。這個想法認定日常用語是可以改善的。其實，日常語言很健康，無需改善。

這一段話說明了韋根思坦雖然相信很多哲學問題是由語言產生，可是這並不是因為人類的語言有甚麼弱點，而是因為我們自己不了解我們的語言是怎樣的豐富，怎樣的多姿多彩。假如，我們把語言改得更精密，這並沒有改善語言，只是限制了語言。語言反映我們的生活，而我們的生活比準確、精密要豐富得多。要避免由語言帶來的誤會，我們

不必改造語言，而是要明白語言種種不同的運作形式。就是要把語言改得更精密，其實也無從入手，因為「精密」這一詞，已經很難精密地界定了。韋根思坦說：「『不精確』是個貶詞，『精確』是個褒詞。那就是說，不精確的不能像精確的那樣完美地達到目的。這裏，最重要的是『目的』到底是甚麼？如果我沒有把太陽和地球的距離算到一呎一吋，如果我沒有告訴工匠桌子的長度準確得不差千分之一吋？我是不是精確呢？精確是設有一個理想的標準的。……」

　　過去幾十年，韋根思坦的學說被廣泛應用到各種不同的研究。比如，文學方面。每本文學概論的書都論及文學是甚麼。不少人是試從各種不同的文學作品當中找出一些共同的質性，於是就用這些質性當為文學的界說。但這是件吃力不討好的工作。李白的〈靜夜〉只有二十個字是文學，數十萬字的《紅樓夢》也是文學。前者沒有情節，後者人物眾多，結構複雜。如果，我們再加上歌德（Johann Wolfgang von Goethe 1749-1832）的《浮士德》、莎士比亞（William Shakespeare 1564-1616）的《哈姆雷特》、日本的俳句，那就更麻煩了。這些文學作品當中又有甚麼內在共同的質性呢？約翰‧埃里斯（John M. Ellis）在他的《文學批評理論》（*The Theory of Literary Criticism*）一書內，就用了韋根思坦的原則，從另一個角度去看文學是甚麼，得出一個很有啟發性的結論。林西（Ian T. Ramsey）利用韋根思坦的原則去研究宗教上的一些觀念，《宗教語言》（*Religious Language:*

An Empirical Placing of Theological Phrases）一書就是他的研究成果，裏面有很多新鮮、發人深省的見解。傳統上，這些方面的研究，往往不自覺地禁囿在「畫圖說」的前提下，追求、尋找一些並不存在的本質。受了後期韋根思坦學說的影響，很多人跳出了這些禁錮，為這些研究帶來一番新景象，展示了一些新方向，這是十分可喜的。

8

真真假假

8.1 符合論

真與假

多年前，《紐約客》雜誌（*New Yorker*）刊出一張漫畫，一位老教授在講授哲學概論，黑板上寫着 1+1=2，老教授看上去神色凝重，高舉右手，豎起食指，說：「可是……」這雖然是開哲學的玩笑，倒也很能勾劃出哲學的特性。哲學是一門發掘問題、提出問題的學問，在平凡處尋新異，在淺易處悟艱深，就是一加一等於二，這樣簡單的算術，哲學家也會發現一些「可是……」，刺激我們思考，敦促我們去探索。

拿「甚麼是真？甚麼是假？」作個例子。我說：「桌子上有個白色的花瓶，插着一朵紅玫瑰。」這句話是真是假，豈不容易分辨？如果桌上的確有個白色的花瓶，裏面的確插有

一朵紅玫瑰，那麼我的話便是真；反之，我的話便是假。換言之，倘使真實世界裏面的確有和我所看到的視覺畫圖配合的事物，我看到的便是真實的，否則便是幻覺。但就是這樣簡單的真假問題，仔細想一下也就很多「可是……」了。

我看到的視覺畫圖是在我的心內，怎樣可以把它和外在所謂真實世界的事物來比較呢？看看它是不是和外在世界的事物符合呢？有人給我一張照片，說這是甲的照片，我拿着這張照片和甲這個人對照，便可以看出兩者是否一樣，照片是否甲的真像。如果我心內的視覺感受像照片，那麼外在的事物便是甲，這個甲卻是不能和照片直接比較的，因為我們只能有甲的照片。

試想一想，我們怎樣知道桌上是不是真的有一個插着紅玫瑰的白花瓶？定睛多看一眼，揉揉眼睛再看一眼，這只不過是把已有的視覺畫圖，和定睛多看揉揉眼睛再看的視覺畫圖來比較而已。或者走近一點看，那只是另一張近照的相片而已。當然，我們可以走上前去，拿起花瓶，嗅嗅玫瑰的花香，但那也不過是用觸覺的感受、嗅覺的感受來印證我們視覺的感受而已。來來去去只是用我們的感受去證明我們的感受是真的。

固然，我們可以參考他人的經驗：其他人是否同樣看到桌上的花瓶，和插在瓶內的玫瑰。但是他人的經驗只是他人視覺或其他器官的感覺，也不是所謂外在的真實世界。如果，我們把真假解釋成內在的經驗和外在世界的符合，把

我們的感覺看成外在世界的影像，我們便會發現這個外在世界是可望而不可即的。

經驗和真實世界

　　一般人都把我們五官所感受到的經驗和外在的世界分了家，而且視我們的經驗如照片，真實的是外在的事物。如果我們的經驗和所經驗的事物符合，那麼這些經驗是真確的，否則，就只是一些虛假的幻覺。海市蜃樓所以是虛幻，因為所經驗到的在真實世界並不存在。可是如果我們把經驗和外在的事物這樣分了家，這個作為真與假標準的外在世界就變成了一個不能接觸得到的世界。我們只能得到這個世界的經驗，如果這些經驗必須和真實世界比對才能決定真假的話，我們是無法直接——不透過經驗——接觸這個所謂真實世界，來驗證我們經驗的真假。

　　然而，大家都知道經驗並不一定可靠。不少經驗是虛假的、是幻覺。我們且不要以海市蜃樓為例，因為這並不是每個人都有過的經驗。就以夢境為例吧，我們都發過夢，也都知道夢裏面發生的情事，並非都是真的。要是夢的虛假並非因夢境在真實世界不存在，要是我們不能找來真實世界去驗證夢幻的不實，那麼我們怎樣決定夢是虛幻呢？夢是一種經驗，現實生活也是一種經驗，沒有真實世界來作準則，如何決定哪一種經驗是真，哪一種是假呢？

　　有人認為夢之不實是因夢中的經驗往往不及醒時的鮮明、強烈，比較模糊、含混。英哲休謨（Hume 1711-1776）已經指出過這個說法的不對。有些夢境比醒時的經驗更鮮明、更強烈。我們成年人大概很少會被嚇得驚呼，可是發惡夢往往便會怪叫，因為夢見的經驗實在太震撼、太怕人了。

　　我們有的只是各種不同的經驗、感受，怎樣把這些經驗分別為真假呢？沒有現實世界作為驗證的標準，剩下來的方法，最顯而易見的就是看看經驗是否和大多數的其他經驗調和，沒有矛盾。

　　我說桌上有一個插着紅玫瑰的花瓶，所有其他的人也都有同一種視覺經驗。我走上前去拿起花瓶，觸覺經驗證實有這樣一件物體。我俯身向前，嗅到玫瑰的香味，嗅覺經驗和視覺經驗也沒有牴觸。我所看到的得到別人經驗的支持，也和我其他感官的經驗調協，所以我認定它是真確的。如果，我說桌上有這麼一個花瓶，可是沒有其他人看到。我走上前去伸手碰不到花瓶，也嗅不到花香，那麼我的經驗得不到我其他經驗的支持，是以虛假。

8.2 駙馬和強盜

哲學的趣味

　　有哲學家認為經驗的真假，並不是一般人所相信決定於

是否和外在世界的情事符合，因為所謂外在世界必須透過經驗而知，所以不能作為驗證經驗的標準。

根據這些哲學家的看法，判斷某一經驗是真是假，是看它是否和其他的經驗調協，有沒有和其他經驗衝突、矛盾。經驗的真實與否似乎也是取決於多數，得到多數其他經驗支持的是真，反之為假。這個和一般看法不同、而且有點古怪的理論，未始沒有道理。

忘記了在哪裏看到的一個故事：

　　一個牧牛童，每天晚上睡覺，一入夢鄉，他便在另一世界醒過來，也是替人看牛。每當在另一世界睡去，便又在這一世界醒過來。

　　開始的時候，這兩個世界、兩種生活，沒有大分別。看牛時，他往往抽空看書、學字。後來在一個世界的他因勤奮得到主人賞識，資助他應試，每科皆中，不旋踵榮獲狀元，並得皇帝欣賞，成為駙馬。在另一個世界，因為看牛不留心，牛隻被盜，主人解僱了他，他便淪為盜賊。開始時他不外是牽羊偷雞，慢慢便攔途截劫，最後結黨橫行，卒被朝廷拘捕。當他在一個世界當上駙馬之際，在另一世界卻是下獄等死。

　　處決的前一天，皇上沉疴忽癒，大赦天下。他死裏逃生，發憤做人，投軍報國，屢立戰功，未十年榮陞大司馬，權傾一國。另一世界的駙馬，一朝得

志，利慾薰心，舞弊營私，甚且密謀弒主，事發下獄
待死，斬首之日恰恰就是他在另一世界晉陞大司馬之
時。

　　這個牧牛郎的兩個世界、兩種生活，孰真孰幻？根據這
個故事我們不能決定，因為兩種生活都有同樣數量的經驗支
持。我們現在知道哪些經驗是夢，是因為夢中得來的經驗
和絕大多數的其他經驗衝突。我們夢到自己家財億萬，可
是醒時的經驗只是中等人家，就是再進夢鄉也不能拾回這個
億萬富翁之夢。夢中的經驗就只是這麼短暫，這麼與眾不
同。倘使我們的夢和醒時一樣的合理有秩序，像故事中的
牛郎一樣，恐怕我們要迷惘得發狂了。從此去看經驗的真
和假，並不取決於是否與外在世界符合，而是在於與其他經
驗的諧協。

　　這個決定孰真孰假的看法，和一般看法不同。因為哲
學家對一般「正常」的看法，發出了「可是⋯⋯」的問話，
驅使我們不得不去想，這就是哲學引人入勝的地方。

8.3　兌現的價值

實驗主義

　　認為一個看法的真和假，決定於它是否跟外在世
界裏的事實相符合，我們稱之為：「符合論」（Theory of

Correspondence）。這個理論困難之處是：我們一旦把經驗和事實分開，認定前者屬於人的內心世界，後者則存於外在的物質世界，那麼，我們便沒有任何辦法不透過經驗，和這個所謂外在世界接觸。因此也永遠不能把存在於這個世界的事實來作判斷經驗、看法真假的標準了。

因為上述的困難，有人便拒絕「符合論」，提出另一個有關如何決定真假的理論。他們認為一個看法是真是假，要看看它和其他的經驗，包括其他人的經驗，是否調協，有沒有衝突。倘若它和大多數的經驗協調，沒有矛盾，那麼便是真確，否則便是虛假。這個理論，我們稱之為：「調協論」（Theory of Consistency）。「調協論」雖然擺脫了「符合論」的困難，但本身卻有另一些難以解決的問題。

天才的經驗與世不同，天才的看法與眾迴異。雖然如此，天才力排眾議的獨特見解卻往往是真確的，反而一般大眾的「常識」是虛假的。固然，經過時間的考驗，天才的看法始終會被大眾接受，得到大眾的認同，但問題是，在他們的理論未被多數人接受和認同之前，到底是真是假？依據「調協論」，這些天才的見解，既然和大多數其他的看法不一致，應該便是假的，到了獲得多數支持的一刹那，才突然由假變成了真。這個看法簡直是不能接受的玩笑。

十九世紀末，二十世紀初，美國出現了另一種對真假的看法，那就是「實驗主義」（Pragmatism）。這派哲學的重要人物有三位：查理士‧皮爾司（Charles Peirce 1839-1914）、

威廉‧詹姆士（William James 1842-1910）、約翰‧杜威（John Dewey 1859-1952）。杜威在一九一九年至一九二一年曾東來，在日本和中國講學，又是胡適（1891-1962）的老師，中國人大都聽過他的名字。

皮爾司認為，一切人類的思索都是有目的的——為了克服困難，解答疑問。真和假必須和這些要解決的疑難合在一起來看。把真和假這個問題和要解決的困惑分開，架空來討論，是沒有意義的。換言之，要回答孰真孰假，首先必須明白，是為了解決一個甚麼的問題，克服一個甚麼的疑難。

真：最有用的看法

威廉‧詹姆士繼承了皮爾司學說的精神，寫出了一句震撼當時哲學界的話：「真，就是最有用的看法；對，就是最有用的行為。」甚麼是一張真鈔票，最確鑿不移的證據就是：可以買得到東西的。無論印刷怎樣精美，紙質如何優良，如果拿到市場上買不到貨物，那就一定是假鈔票。

這個看法，乍看之下非常荒謬，仔細想一想，也有點道理。舉例，大家都知道太陽是太陽系的中心，所有行星都是圍繞着太陽運行，運行的軌道是以太陽為其中一個焦點的橢圓形。我們也知道，中古時代及以前，科學家都是以地球為定點。究竟以地球為定點錯在甚麼地方呢？這個理論

為甚麼是虛假的呢？

有人説，問題還不容易回答？！真相是太陽的確是太陽系中心。可是大家亦知道一切運動都是相對的，換言之，我們可以選擇運動中任何一方為定點。中國小説裏面把行走得快的人説成有縮地法——不是他走得快，而是有法術把地理上的距離收縮——未始不是悟到了這個相對的看法。真相究竟怎樣決定？如果根據「符合論」或「調協論」都不容易解答。

採用詹姆士的看法，太陽是太陽系的中心這個看法是真的，是因為這樣看最有用。不少天文學上的問題，如果以地球為中心，都解決不了；以地球為中心，其他行星的軌跡都變得不規則，妨礙運算。但一旦接受了太陽為中心，各行星的軌道變得規律化，很多以前無法解決的困難，也迎刃而解。「地動説」之所以真，因為它最有用，能幫助科學解決很多問題，預測各種現象。

但詹姆士的看法亦有它的困難。《世説新語》裏面説到「望梅止渴」的故事。曹操帶兵趕路，兵卒口渴難抵。曹操騙他們説，前面有梅林，梅子又大又多汁，兵士聽了「口皆出水」，忘了乾渴，如期到達目的地。曹操説：「前面有梅林。」這樣説，為他解決了問題，也暫時為兵士解決了口渴的問題。所以，説前面有梅林很有用，但如果因此便説，前面有梅林是真的，大概沒有幾個人肯接受吧。

詹姆士的看法，沒有把「有用」和「無用」這個關鍵解釋

得清楚。無可否認，有時謊話很有用，實話才沒用，那麼難道有用的謊話全都變成了真話？不過這個困難也許並不是不能克服。只要把甚麼叫作「有用」，再詳細界定一下，那麼上面「望梅止渴」的反例或者便可以解決了。

真真假假

　　詹姆士並沒有把「真，就是有用的看法」這句話最關鍵的「有用」解釋清楚。曹操說：「前面有梅林。」對他自己和他的士兵都很有用，但儘管如此，「前面有梅林」依然是句謊話。

　　為了解決這類困難，我們可以說，每個看法、每句說話，都有它的主要功用和副作用。比如一雙皮鞋的主要功用是用來保護兩隻腳。當然，我們可以用它來當鎚子敲釘。「真，就是有用的看法」裏面的「有用」，指的是這個看法的主要功用，不包括副作用。就像一對好皮鞋，只要是穿在腳上舒適，並且是能保護雙腳的皮鞋，能不能拿來敲釘，不應是考慮皮鞋好不好的因素。

　　「前面有梅林」，主要的功用是說明向前走可以找到梅子，惹得眾兵士垂涎三尺，只是副作用。要找梅子，循着曹操的話向前走沒有用，所以雖然產生了有用的副作用，話依然是假話。

　　上面的解釋，對「前面有梅林」這類話，可能用得着。

但是對：「地球是繞着太陽運行」這類比較複雜的話就不很管用了。「地球繞日運行」究竟主要的功用是甚麼呢？這個理論幫助天文學家解決了不少問題，是不是都是它的主要功用？這樣追尋下去，最終恐怕我們又要回到「符合論」：地球繞着太陽運行是事實。「符合論」的困難我們在這裏已經討論過了。

實驗主義的真假觀，最大的困難，和「調協論」一樣，就是真理失掉了永恆性。一般人相信，真與假都是永恆的，如果是真那就萬古常真，假也是萬古常假。哥白尼（Nicolaus Copernicus 1473-1543）提出「地動說」前，科學家以地球為中心，也解決了不少問題，預測到不少天象，那就是說，他們的理論也曾一度有用，依照實驗主義，那就是說他們的理論一度是真。對此，我們發覺很難接受。

科學不斷地進步，以前一度被認為是真的，如今都證實是假，這個我們可以接受，甚至說假的也曾一度被多數人接納，也曾對人類有過用處，我們都可以同意。但要我們承認以前是真的現在卻都是假的，今日真的將來也可以成為假，卻是不能接受。如果我們堅持這個看法，「調協論」、「實驗主義」，都站不住腳，只有「符合論」可以接受。那麼我們又必須重新研究怎樣把我們的看法和事實來比較？又必須替「甚麼是事實？」這個問題，尋找一個合理的解答。

9

主觀和客觀

9.1 洛克談物性

如人飲水，冷暖自知

　　知識論——一門探索人類知識是怎樣建立起來的學科——在西方哲學裏佔一個很重要的位置，但在中國傳統內卻很少研究知識論的問題。我們如果少接觸西方哲學，對這些問題便會感到很陌生和奇怪。但正正因為這個緣故，西方的知識論對我們的刺激和啟發也很大。

　　簡單來說，我們對怎樣獲取知識大概持下面的看法：人透過五官和外在的世界接觸，然後運用理智把這些從感官得來、有關外在世界的訊息，整理、組織成一彼此相互支持的體系，這便是所謂知識了。如果人的感官正常，沒有歪曲外在世界傳來的訊息，而在用理性整理的過程中，遵守理智的原則，沒有妄從己見，不合理地把感官所得聯繫起來，那

麼所建成的知識便是真確無誤。

　　根據上述這個看法，認知者在整個過程裏是被動的。就是天才，也只不過因為他們能看到別人所未曾看得到的事實。在知識建立的過程中，如果認知者主動地滲入了他自己的意見，所獲得的知識便難免偏頗了。今日我們常用的詞彙：「主觀」和「客觀」，便反映了我們這個對知識的看法。「客觀」就是沒有把自己的意見混雜其間，作為形容知識的副詞是含有褒義的；反過來，「主觀」往往就帶貶義了。

　　約翰‧洛克（John Locke 1632-1704）對上述的傳統看法，提出了不同的意見。他認為一些「質性」（quality），我們以為是屬於物體本身的，其實是滲入了認知者的主觀因素，而且這些因素是沒有辦法可以完全排除的。譬如冷暖，試把左手放在冰上，右手放在熱水中，過了四、五分鐘，再把雙手放進一桶溫水裏去，那麼左手的感覺是熱，右手的感覺是冷。同一桶暖水，同一個溫度，卻有冷暖不同之感。無疑，左右手的感受都是來自外物——溫水的刺激，然而卻和認知者本身有極大關係，和認知者的狀態不能分割開來。不止冷暖是這樣，顏色亦然。色盲的人分辨不出紅和綠，可見顏色和認知者的健康有關，不是只憑外物可以決定。

　　有人會說，洛克的話不太公平，冷暖、顏色都是客觀決定的，例證中的感受者都不是處於常態，所以感覺有異。這正是洛克的意思，這些質性和認知人的狀態有關，所以必

須在認知者的「常態」下才能一致，不能光由外物而客觀地決定。

主要質性和次要質性

洛克認為我們所認識的物體的質性，有一部分是和我們有不可分割的關係的，例如一件物體的冷暖和顏色。這並不是說事物的冷暖和顏色，完全由觀者決定。洛克只是說，物體這些質性是由物體本身和認知者共同決定。物體本身究竟是多冷、多暖（請注意：冷暖不同溫度，同一溫度的物體可以對同一個人產生不同的冷暖之感），到底是甚麼顏色，那是無從知道的。這些質性必定帶有觀者所滲入的成分。

不過，不是所有物體的質性都是如此。根據洛克，有些質性是和認知者的「狀態」無關，是純客觀的。比如一件物品的形狀、數目等等。他把這些不帶任何認知者色彩的性質稱為物體的主要質性（primary quality）。滲入了認知者的成分的，謂之次要質性（secondary quality）。

一般對知識的看法，和洛克的知識論就有了差異了。前者把真確的知識看成客觀、不帶任何從觀者而來的因素的知識，而洛克卻相信我們對外在世界的認識並不能完全不滲入我們帶去的因素。雖然說次要質性是次要的，但依然是我們所認識的世界的一部分，不能排除的部分。

　　一旦承認了我們所認識的世界有部分是雜有了觀者的主觀成分，再要堅持客觀便有困難了。我們都聽過一個比喻：露營的人同情駱駝在外面很冷，讓牠把鼻子伸進帳幕來取暖，結果駱駝得寸進尺，整隻都擠進帳幕裏來，人反而給擠出去了。主觀因素就有點像這隻駱駝，洛克讓牠的鼻子透過次要質性伸進了知識之內，有了這個橋頭堡，主觀這個成分便延展起來了。

　　用洛克所用的辯證方法，物體的形狀其實和冷暖、顏色一樣，都夾雜了主觀的成分。一塊正方形的木，放在屋子中央，由於觀者所站的位置不同，或高或低、或遠或近，看到的形狀便不一樣了。甚至物件的數目也可以因為觀者的「狀態」而改變。生病、醉酒，甚至用手指輕按眼皮，都會產生雙重影像，把所見之物的數目增加了一倍。所以，洛克的知識論有不調協的地方，因為所謂客觀的主要質性，就是用洛克自己的方法去驗證，仍然帶有主觀成分，都和認知者有關，都受認知者的影響。完全客觀就只是空中樓閣，根本不存在的。

9.2　巴克萊的蘋果

巴克萊的「怪論」

　　以哲學為無用的人，很多時候舉下面的「哲學」問題為

例，來取笑哲學：「森林裏面一棵大樹倒了下來，如果沒有任何人聽到，究竟有沒有發出聲音呢？」

如果這些人稍稍涉獵過西方哲學，便會發現有更「可笑」的答案。一位著名哲學家認為：「存在就是被認知（To be is to be perceived）。」根據他的理論，如果沒有「人」感受到——或看、或聽、或其他方法——這棵倒下來的樹不僅沒有發出聲音，而且根本就沒有樹倒下這回事，因沒有這麼一棵樹。提出這個「怪論」的哲學家是喬治亞·巴克萊（George Berkeley 1685-1753）。

如果沒有「人」感受到，根據巴克萊的理論，那棵樹便不存在了。我把「人」字用引號括着，因為其實巴克萊只是說如果沒有任何認知者——不必一定是人——感受到那棵樹，那棵樹便不存在。除了人以外，巴克萊把上帝也看成一個認知者。這一點，雖然不打算在這裏詳細討論，卻是巴克萊知識論的要點。

巴克萊這個看法——存在就是被認知，一件事物如沒有認知者，事物便是不存在了，表面看來實在是個怪論。難道在人未曾攀登額菲爾士峰頂之前，峰頂上的巖石便不存在？在太空人尼路·岩士唐（Neil Armstrong）未踏足月球之前，月球上面的沙石也不存在？可是如果我們先看一看巴克萊獲得這個結論的理由，這個怪論便不怎樣怪了。

如果所有物體的質性，無論是洛克所謂次要質性（如顏色、冷暖），抑或主要質性（如形狀、數目），都滲入了觀者

帶進去的因素，那麼，沒有觀者的主觀因素的質性是不可
知。在認知世界裏不可知和不存在只是字面上的不同，實
在卻是沒有分別的。

　　有人會馬上指出，這就是巴克萊錯誤的地方。一般而
言，我們相信物體都有實質，而質性是附屬於實體的。打
個比方實體是人，質性就是衣服。人脫光了衣服就剩下赤
裸裸的一個人。沒有質性的實體也赤裸裸地存在。質性也
許都滲入了觀者的成分，但質性所附屬的實體仍然客觀獨立
地存在。我們或者不能知道實體所穿的衣服的原來面貌，
但衣服（質性）背後有人（實體）卻是無庸置疑的。

沒有色香味的蘋果

　　一般人相信任何物質體都有實體（substance）和質性
（quality）兩部分。實體重要，是主；質性沒有那麼重要，
只是附屬於實體之上。

　　舉一個例，譬如蘋果有蘋果的實體，它的色、香、味
只不過是實體所擁有的質性。把味拿去，那麼就是個乏味
的蘋果；把香除去，也就是個不香的蘋果；把色取去，便是
個無色的蘋果；蘋果的實體依然存在，只是失去了它本來具
有的一些質性。巴克萊卻認為一般人的看法是錯誤的，一件
物體的實體只是所有質性的總和。物體的質性並不是依存於
實體之上，而是構成實體的因素。蘋果不是有色、香、味，

而是色香味和其他質性的總和構成蘋果這件物體的本身。

　　讓我們仔細察看一下巴克萊的理論。固然，我們很容易想像到一個沒有香氣（關乎嗅覺）和沒有味道（關乎味覺）的蘋果。（一時不慎，在市場上也可以買到。）以手指彈之而無聲（關乎聽覺）的也不難想像，可是幻想個無色（有關視覺）的蘋果便略略有點困難了。一般事物如果完全沒有顏色，便是隱形了，不過隱形的物體仍然可以靠其他感官的感受發現它的存在。一個色香味都沒有、彈之無聲的蘋果，如果存在的話，我們就只能靠觸覺認知。我們的觸覺可以告訴我們空間之內的確存在有一個甚麼形狀（圓的、方的、梨形的等等）的物體。好像瞎了眼的人，用手撫摸我們的面龐，便可以認得我們的面貌。倘使上述那個無色、無聲、無臭、無味的蘋果，連摸也摸不着，我們依然堅持它的存在，那就似乎有點蠻不講理了。所以巴克萊堅持，一般人所相信擁有物件的質性的實體是不存在的。一件物體就只是它的質性的總和。

　　巴克萊的看法很有道理，因為沒有任何質性的實體，的確是不能證明它存在，而它的存在也毫無作用，假設它的存在是多餘的。但物質的質性都滲入了觀者的因素，沒有質性是離開觀者獨立而客觀地存在的。所以巴克萊認為：物件的存在必須被認知，如果沒有任何認知者，物件是不存在的。巴克萊這個開始看似荒謬的理論是建立在一連串的論證上面的。每一個論證看上去都是正確、合理的，假使我

們接受他每一步的論證，卻拒絕他最後的結論，荒謬的是我們自己而不是巴克萊。

9.3 休謨論因果

休謨的無我

　　洛克把物體的質性分成主要和次要，認為次要的質性如顏色、冷暖，都必定帶有觀者的主觀因素，於是第一次，在建立知識的過程中，認知者不再被認為是完全被動。巴克萊循着洛克論辯的方法，進一步抹除了主要質性和次要質性的分別，堅持物體所有的質性不能避免地都帶有觀者的成分。他甚至認為物質世界的事物並無所謂實體，所有物件都只是由一組質性構成。既然一切質性必須有觀者才存在，任何物質世界的物體的存在，因此也必須依附一位觀者。所以巴克萊說：「存在等於被認知。」物質世界的事事物物，在巴克萊的分析下，都被還原成為各種不同的質性，如：顏色、形狀、聲音、嗅味等等，再沒有一個擁有這些質性的核心——我們一般人所認為的實體（substance）了。

　　巴克萊雖然否定了物質世界中實體的存在，但認知者的主體——宇宙間的個別心靈——依然是存在的。但踵武前賢的休謨用洛克、巴克萊同樣的論證方法，否定了心靈主體的存在。

　　休謨說：「心靈就像個劇場，不同的感受在上面出現；
一次、再次的經過、消逝，或者和其他的感受構成各種不同
的組合。任何一剎那的組合都不是簡單的，不同的剎那之
間又沒有凝聚的認同。……其實，說是個劇場已經誤導了
大家，因為心靈並不是一個甚麼地方，只是一連串不同的感
受。」

　　上述一段話並不容易明白。休謨的意思是：如果我剛
才一剎那很興奮，接下來是快樂，接下來是驚訝、失望、憤
怒，不能否認的只是一串的感受：興奮、快樂、驚訝、失
望、憤怒，但我是甚麼？語言要求一個主詞：「我感到興奮
……失望，」但實在的世界就只有這些感受，卻沒有那個所
謂感受的主體──我。

　　英國佛學專業愛德華‧孔治（Edward Conze 1904-1979）
認為休謨的思想和佛教很接近：佛家的哲學也是否認我的
存在，佛教思想家並不否定五蘊：色、受、想、行、識的存
在，但五蘊積聚而成一身，而成一我卻是幻覺。休謨不否
定一般所謂心靈的感受的存在。可是獨立觀看每個感受，
卻找不出所謂我這個獨立的心靈。個別心靈就像物件的實
體根本不存在，只是一串感覺的組合而已。

因果關係

　　除了否定個別心靈的存在以外，休謨另一個影響深遠

的論説是他對因果關係的解釋。一般人都相信因果關係是客觀地存在的，而且是個非常重要的關係。科學的進步，科技的運作，都有賴於我們了解事物間所存在的因果關係。因為如果我們知道事物產生的原因，便有辦法控制它的結果。

　　休謨把因果關係解釋成事物之間的共存關係，再加上由習慣而產生的主觀反應。他説：如果一件事物往往在另一件事物發生前出現，而且也在空間上相連接，久而久之，便會使我們每當想到前者，便馬上想到後果；每當見到前者出現，便強烈地認為後者也會出現。這就是因果關係，前者是因，隨後出現的便是果。這種因果關係並沒有甚麼客觀或形而上的必然性。他們之間的必然，只是觀者的心理因長期習慣而養成的信念而已。

　　休謨對因果關係的看法，和他認為個別心靈並不存在的論説，都是基於同一原則。他説：「當我們拿起一本書，讓我們先問一問：這本書的內容是不是關乎量或數目的抽象推理呢？不是。是不是和實存事物有關，可以憑經驗驗證的推理呢？不是。那麼把書扔進火中去吧！因為它只是使人混亂的一派胡言。」

　　個別心靈，必然的因果律，根據休謨所説，既不是可以從抽象推理推得到，也不是經驗可以驗證出來，他堅守原則，便不肯隨便接受他們的存在了。

　　在當時的哲學界，休謨的理論，引起了很大的震盪。

如果科學上重要的因果關係，分析之下，只不過是人心理上所賦予的必然，客觀世界上沒有這種必然關係存在的證據，那麼不只如洛克、巴克萊所說，物體的質性有認知者的主觀因素，整個知識，認知者的心理因素也是極重要的一環。休謨的理論固然摧毀了很多無根的形而上的信念，但同時也動搖了一貫認為是真知識的根基。所以有人把休謨看成為懷疑主義者。

如果我們對哲學有興趣，有時我們需要忍受這些表面詭異的理論，不要馬上因它的詭怪而排斥。西方的認識論自巴克萊和休謨以來，便再難回復舊觀了。因為這些怪論雖然不能全盤接受，但亦有不能不正視的理據。

休謨的自白

休謨晚年放棄了哲學，專心從事歷史研究，寫了一本英國史，在當時很著名。其實他對自己的哲學也感到不容易接受，但因為覺得是從理性追尋而得的結果，不能因感情接受不來而有絲毫的改變。他說：

> 我發現自己陷於不能再壞的境況中，四圍一團漆黑，我的感官、理智都全無用處。幸運的是，理智雖然不能掃除這些迷惘，人的自然性情卻治癒了我哲學上的憂鬱和迷亂。……我吃、喝、下棋，和朋友交談歡聚。三、四小時以後回來，再面對這些問

題，發現它們是如此冷冰冰、譎詭、無稽，我再難有心情繼續探索下去了。……我準備把我的書和論文全都丟到火裏去，從此以後立定心意不再為勞什子理性和哲學放棄生命中的種種快樂。……然而，我又不能捨棄（尋找人生種種原則的）好奇心。

這是哲學家一段很誠摯的自剖。哲學的探討為我們帶來的困擾往往比為我們提供的答案要多，因為哲學是一門發現困難、提出問題的學問。如果我們活得舒舒服服，看不到周圍有甚麼疑難困惑，那麼也就不會有甚麼進步。哲學家在無問題處見問題，無困惑處找困惑，固然像是庸人自擾，可是不懂得這樣自擾的，往往才真是個庸人。

我很喜歡介紹從洛克到休謨這一段西洋哲學史上的認識論的發展。因為從洛克研究物體的質性是不是完全屬於物體本身這麼一個簡單的開始，思想家循着同一路線一步一步走，竟然得出休謨所得出，在一般人看來匪夷所思的結論，而其中每一步似乎都沒有出軌。我覺得這正是哲學研究最引人入勝之處。很平凡、很簡單的問題，如果我們用理性思索，堅持到底，不中途而廢，往往有出人意表的發現。

其次，從休謨的自白，我們也看到了哲學和人生的距離和矛盾，提醒我們人到底是比一切學科都要複雜、深邃和偉大。如果要用一小撮原則去解釋人生，或將人生困囿於某一學科的範疇，都難免小覷了人類、輕看了我們自己。這又使我想到新亞（按：新亞即香港中文大學新亞書院）校歌

的開首:「山巖巖,海深深,地博厚,天高明,人之尊,心
之靈。」人的心靈是與山海同高深,與天地同長久的。任何
一門學科只能探究其中的一面,把它無限的延展注定要出毛
病的。

9.4 康德的有色眼鏡

哲學上的哥白尼革命

　　康德是近代西方哲學中最重要的人物。凡對近世西方
哲學有興趣的,都不能不研讀康德。而康德本人對休謨極
之推許。他說:「我公開承認,大衛·休謨的學說,多年前
把我從武斷的哲學噩夢中喚醒,為我指出了研究哲學的新路
向。」

　　要留意的是,康德並不是同意休謨的理論,他讚賞休謨
是因他認識到休謨哲學所提出的問題的重要性。哲學,我
一直堅持,不是一門回答問題的學問,而是一門發現、指出
問題的學問。哲學最珍貴的一面是為我們呈示了許多有意
義的問題,逼我們自己去尋找答案。沒有哲學的刺激,我
們的思考便會時常舒舒服服的沉睡去了。蘇格拉底二千多
年前已經把他自己的任務,看成為一隻常常騷擾着馬兒的蒼
蠅,不讓馬兒安睡。哲學惹人討厭和惹人歡喜的都在這個
地方。休謨的哲學對初學的人而言,往往十分討厭,能勝

人之口不能服人之心。但康德卻因此而感謝他把自己從安舒的睡眠中喚醒。偉大的哲學是要使人不舒服的，必須有這個認識才能欣賞哲學的妙處。

休謨的哲學怎樣為康德指出研究哲學的新路向呢？

康德把他自己的理論稱為哲學界裏的哥白尼革命。哥白尼提出了「地動說」，反對自古希臘時代開始便鮮被人懷疑過而又為當時科學界所接受的「天動說」。

「天動說」是以地球為宇宙不動的中心，認為其他的天體都是繞地球運轉的。到十六世紀，天文學上有不少問題，已非「天動說」所能解釋，就算解釋得來也很勉強。哥白尼認為要回答這些問題，必須把基本的原則徹底改變。那就是不再把地球看成宇宙的中心，靜寂不動，而是把地球看成動體。如眾所周知，經過了一百年左右的爭論，「地動說」今日已被普遍接受，更視為天文學上的真理了。

要解釋休謨提出的種種疑問，康德認為我們必須在基本原則上作巨大的變動。那就是必須把認知者在建立知識的過程中的地位重新估計。認知者再不是被動——只是接收外在世界傳來的消息。知識的形成和構造，有很大部分是出自作為認知者的我們。康德的哲學就是要找出知識的哪些部分是我們的貢獻。

不能脫掉的有色眼鏡

休謨的哲學提出了一個非常重要而又很難解決的問題，我們的知識來源只有兩個，一就是理性的演繹，從一個或幾個真的前提，用理智循着正確的邏輯方法，得出結論。可是這個方法不能幫助我們獲得真知識。雖然靠邏輯推理得出來的結論，表面看來好像帶有新的信息，其實都是已經包含在前提裏，隱而未顯。演繹只是把這些隱藏的消息呈現出來而已，結論永遠都是已經包藏在前提裏面的。

另一個知識的來源便是歸納。透過經驗：視、聽、嗅、味、觸五種感官，收集外在世界傳來的消息。經驗很可能是簇新的，但靠歸納而得的卻又往往不能百分之一百保證可靠。休謨對因果關係的討論便清楚呈示了這一點。因果關係只是由「作為原因和作為結果的兩件事物經常一先一後出現」這個經驗歸納而來，只有主觀賦予的必然性，而缺乏客觀的保證。其實，是不是凡事都一定有原因，仍然是有問題的。

康德的答覆是：如果我們仍然持着傳統知識論的模式，認知者必須是被動的，倘使他主動地參與知識的建立，滲入了主觀成分，那就不是知識，或者不再是可靠的知識，那麼休謨的難題的確沒法回答。唯一出路可能只有休謨的懷疑主義，和摒棄哲學的探討。要回答休謨的難題，我們必須作哥白尼式的革命，把知識構成的重心從外在的世界，轉移

到認知者的內心活動。

　　我們透過五官，取得有關外在世界的資料，這似乎是最被動不過的了。但其實這些資料，在被我們認知之先已經給加了工，蓋上了人類認知的印記。根據康德，這些我們加上去的，就是時間和空間。我們從經驗得來的一定存在於時間和空間之中，因為只有存於時空的事物，人才能經驗得到。

　　舉一個例，倘使我們一出生便戴了一副不能除下的藍色眼鏡，那麼我們所見的任何事物都必定帶有藍色的成分。我們可以推斷將來所見的也必定帶有藍色成分。所有物件都帶藍色，並不能從「所有物件」的定義演繹出來，但卻不需要實在經驗便已經可以推知。因為我們知道大家都戴了一副藍眼鏡。時間和空間，根據康德，就是所有人類都戴了的有色眼鏡。

康德的時空

　　時間和空間是人類感官加諸於事物的，也就是人類感官所戴，而又不能脫掉的「有色眼鏡」。人類所有經驗必定存於時空之內，至於外在世界未被任何人經驗的時候是否仍然存於時空之內呢？根據康德所說是不可知的。外在的世界可以存於時空之內，也可以不存於時空之內，但我們所經驗的世界就必定存於時空之內。再用藍眼鏡的例子，世界的

事物可以是藍色，也可以不是藍色。如果本身是藍色，透過藍眼鏡並沒有改變它的本來面目；倘使本身不是藍色，透過眼鏡，便被添上了藍色的因素。不過在戴了這副眼鏡的觀者而言，到底事物本身是否藍色卻是無從知道的。

康德把事物存在的世界稱為本體世界（noumenal world），把我們經驗的世界稱為現象世界（phenomenal world）。本體世界裏面的事物是怎麼一個樣子，我們不能知道。我們只知道本體世界一定存在，因為我們所經驗的事物，往往不可以呼之則來，揮之則去。我們所能知道的只是現象世界。現象世界的事物已經被我們加進了時間和空間這兩個因素了。

怎樣證明時空是我們加上去，不一定屬於本體世界的呢？康德認為經驗世界裏面所有的性質：顏色、形狀、大小等等，我們都可以憑想像力抽離，或者抹煞。我們可以把顏色和形狀分離，也可以想像沒有顏色的形狀或沒有形狀的顏色。但空間卻不能被抽離或抹煞。我們不能想像任何不佔有空間的事物。所以空間是經驗世界中必然存在的因素，這個因素不屬於被經驗的事物，而是屬於經驗者，是認知者的心靈所加上去的。

時間和空間一樣，不能被抽離或塗抹掉，因為時間也是認知者在認知過程中加添上去的。

幾何學，根據康德，並不是由幾個公理循邏輯方法推衍出來的系統。幾何學的定理和運算並不只是展示了本已涵

蓋在公理裏面的消息，而是有新的消息在內。但同時這些新知識又是必然的，不像歸納而得的知識那樣沒有必然性。因為幾何學是研究空間的學問，而空間不屬於本體世界，不屬於物體本身，所以不包括在物體的定義之內。空間又不是歸納而來，而是存於我們的認知過程中，是其中不可或缺的一環，所以又有必然性。

知識和蜂蜜

　　從感官得來的經驗必定帶有認知者加上去的因素——時間和空間。然而，只是經驗的本身還未能算是知識，必須把經驗整理、組織起來才是知識。譬如科學裏的定理，就不只是個別的經驗，而是指出不同經驗之間的關係。

　　傳統上我們相信宇宙內事物之間的關係是客觀地存在的，研究的人只是發現這些關係而已。康德卻以為事物間的關係，如因果關係，是觀者加上去的，是人類理智運作所必然走的途徑，不一定存在於未被經驗的本體世界。我們要理解的世界是現象世界，已經被我們加上了時、空這兩個因素，而在理解的過程中，我們又把事物以因果關係連繫起來。本體世界裏面的事物是不是有因有果，我們無從得知，但我們所理解的現象世界，就必有因有果，否則就不能進入我們理解範圍之內。

　　我們可以明白「我們還未找出這件事的原因」這句話，

因為「還未找出原因」就表示事情是有原因的，肯定了因果關係的存在。可是對人類而言，「這件事是沒有原因的」卻是一句不能理解的話。在我們所能理解的世界裏面，事事物物都必定有原因，否則理知無從運作，也就是無法理解了。休謨找不到因果關係的客觀必然性是對的，因果關係並不一定客觀存在，但卻是人類理知運作的必須條件。

英國思想家培根（Francis Bacon 1561-1626）說：

> 以前研究科學的人，不是經驗主義者，就是理性主義者。經驗主義者像螞蟻，他們只懂得蒐集、儲藏資料供自己使用。理性主義者像蜘蛛，利用從他自身所出編造形形色色的蛛網。可是蜜蜂就選擇了兩者之間的途徑，它們從原野園林的花卉中採得材料，消化以後用牠們天賦的能力釀成蜂蜜。

培根這番話，本來是用來解釋哲學家的工作的，但根據康德，所有人類的知識，無論我們知道與否，都是像釀蜜一樣。蜜糖離開了蜜蜂並不存在，它裏面包括了外在的因素，也包括了蜜蜂所賦予的因素。我們的知識是人類加工得來的產品，從經驗開始便已滲進了人的因素。一切學科所展示的事物間的關係，無不是人類理知的結果。傳統上客觀和主觀的分界，特別是對客觀世界的重視，都是無根和辦不到的。

第三部 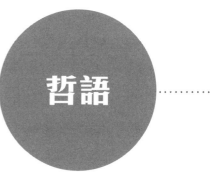哲語

本書這部分稱為「哲語」，並不是因為裏面有很多　　　雋永的警句，或者深邃的道理。這裏面只是些哲學的常識，和個人對某些問題的看法，不關涉任何著名的哲學家，不能放入「哲人」部分；也不屬於任何思想流派，不能放進「哲思」部分；所以巧立名目，給這部分冠以「哲語」兩字。

　　思想有思想方法，邏輯便是討論思想推理的方法，怎樣是對，怎樣是錯。我常常覺得正式的邏輯謬誤，如三段式裏面的中詞未曾普及過一次，兩個前提如果都是否定式的話，不能得出任何結論等等，對一般人而言幫助並不大，反倒非正式的謬誤，在日常生活中更常碰到，更值得在這裏提出來和大家討論。

　　雖然像莊子所說：「能勝人之口，不能服人之心，」一般人對詭辭卻還是很有興趣，都想找方法去把它破解。這裏選取了兩個大家都熟悉的詭辭，提出我認為可以破解的方法。

　　另外我嘗試以推理的方法，分析一下今日流行的所謂特異功能，讓大家和我一起動動腦筋，看看究竟是否可信，是否可以接受。

　　日常語言、倫理問題和通識教育，都是我最近很有興趣和十分關注的問題。我在這裏提出的看法，雖然似乎跟在這本書內提到的思想家沒有甚麼明顯的關係，但我必須承認，要是沒有唸過他們的著作，我是絕對想不出這些意見來的。

10

論證謬誤

10.1 人身攻擊

論辯的時候，我們常常聽到一方攻擊另一方不合邏輯。究竟甚麼是邏輯？邏輯是研究推理方法的一種學問。雖然一個人不一定需要學習過邏輯才能夠思想，才懂得推理，但學習邏輯可以使我們有系統地認識到正確推理的一些程式，和思考過程中常犯的錯誤，幫助我們避開思想上的陷阱。我們日常生活中免不了論辯，離不開推理，對邏輯有一點認識，未始不是件好事。

人身攻擊是一個錯誤的論辯方法。如果我說，人身攻擊是我們在辯論和推理中常犯的錯誤，大家恐怕很不服氣。因為一提到人身攻擊，我們總以為指的是對他人品德惡意的攻訐，比如：「某某終日拈花惹草」，「某某貪污舞弊」，「某某不學無術，在高等學府濫竽充數」；而我們大家都是君子，在論辯中絕對不會使用這些下流手段。在邏輯上，人

身攻擊是「Argumentum ad Hominem」的翻譯。其實下面的
例子也屬於這類邏輯謬誤：教師爭取加薪，某某反對。有
人說：「某某不是教師，沒有資格說話。」因為說話人的身
分而接納或排斥他的話，對於他說的話到底合理不合理完全
置若罔聞，那就是犯了邏輯上人身攻擊的錯誤。假如我們
是講道理的，就應該看一看說話人的論據究竟有沒有理由，
成立不成立，然後才決定接受不接受。

　　讀者也許會說，上面例子的論證方法，並不是不可以接
受。在法庭上不也是先看證人的身分，然後決定他的證供
的可靠性嗎？倘使證人跟被告或跟案件本身有密切的關係，
他的證供的可信程度不是要打個折扣嗎？難道法庭都犯上了
人身攻擊的錯誤？這卻不然，假如證人與案件或當事人有密
切關係，我們懷疑他的證供到底是真是假，有幾分真、幾分
假，那是合理的。可是要注意的是：我們懷疑的是他的證
供。證供是事實的報道，並非一個推理過程。證人說：「案
發時，被告和我在離案發地點二十哩處喝啤酒。」因為證人
和被告是好朋友，我們懷疑他有意替被告開脫，因此也懷疑
證供的真實性。如果證人的話是一種推理，只要我們仔細
分析，就可以判斷這個推理究竟正確不正確、成立不成立。
證人和被告的關係和推理過程的合理與否毫不相干。說話
人的身分也許會影響他對事實報道的真實性，可是推理的對
錯是可以客觀地判斷、裁定的，不必因說話人的身分而盲目
接受或排斥。

今日面對社會大小問題，在探求解決辦法的時候，我們往往犯了人身攻擊的錯誤，「某某和這事沒有切身關係，沒有說話的資格。」當然我們可以回答：「某某人和這事有切身關係，所以定必有偏見。」於是就形成任何事都沒有人有說話的資格了。這樣的爭辯都同屬人身攻擊，在邏輯上都是站不住腳的。

只懂得講，卻做不來

撰文教人寫文章，在演講中教他人演講，都是難事。如果教人做人的道理，作一個傳道人，無論傳的是基督教也好，佛教也好，儒家的教訓也好，那就更難了。因為別人隨時可以用你所說所做來衡量你的理論，指責你「只懂得講，只會唱高調，自己說自己也幹不來」。前一陣子，就有幾位老同學批評一位我很欽佩而現在已經去世的老師，說他講聖人之道，可是在某件事上就未守住他所說的原則，在某件事上又未夠得上他訂下的標準。不少人對宗教或一些組織活動也存有這個態度：佛教、基督教裏面有不少言行不符的信徒，歷史上無數罪行也是打着宗教幌子進行的，因此他們就認為宗教信仰不足取，這些在邏輯而言都是人身攻擊。倘使要批評，我們得看這些信仰、這些道理的本身究竟能否成立？縱然傳播人口是心非，言行不符，那是他們的錯誤，不該因此便排斥、攻擊他們所傳的。

　　其實傳道的人如果未能做到他們所傳的，有時也不一定是他們的過失。道理很簡單，假如我在大學開一門課，教人作詩，我當然希望學生都能寫出好詩。上課時舉例大概都是大詩人的作品，如杜甫、蘇軾，一定不會以訓練學生能作出我所能作出的詩為教學的目的。如果學生只能寫出我所能寫的詩，只達到我寫詩的水準，那就糟糕透了（我並非故意謙虛）。如果上課的時候我教學生要這樣、要那樣才寫得好詩，學生說：「陳先生，你寫給我們看看吧。」他的要求並不合理。田徑教練跑得不如他的學生快，跳得不如學生高；鋼琴老師彈得不如學生好，可沒有人批評他們：「只懂得講！」

　　做人亦然，我們教導子女勤奮努力，公正誠實，希望他們做個比我們好的人，希望他們達到一個崇高的理想。好的父母其實應該望子女「不肖」，不像自己，比自己更好。因此，我覺得批評別人未能做到他們所傳的未必是合理的批評。當然如果說的人完全無意實行他所說的，那他難辭虛偽之名，可是假設他訂下一個崇高的理想，又的確盡力而為，可是力有未逮，那仍是值得我們敬佩的。倘使因為他未能達到訂下的目標，未能做到他立下的原則，我們就連他的目標、原則也摒棄了，那就更是大誤特誤。我常常覺得，如果一個人存有這種態度，還是不要接受任何人生原則、參加任何團體為好。如果他找到一個完美無瑕的團體，一個崇高的原則，當他參加了、接受了，那就不再完美

了。因為沒有任何人是無瑕的，他的參加和接受也就破壞了那個團體和原則的完美了。

人身攻擊（Argumentum ad Hominem）表面看來是一個很少人會犯的錯誤。其實，每當我們把説話的人和他所説的話混在一起，糾纏不清，因人廢言，在邏輯上就是犯了人身攻擊。

10.2　訴諸權威

亞里士多德是哲學家，我也是！

有論性善的論文，其中有如下一段：「孟子曰：『惻隱之心，仁之端也；羞惡之心，義之端也；辭讓之心，禮之端也；是非之心，智之端也。人之有四端也，猶其有四體也。』由此可見，人之本性是善良的。」這種推論方法在中文論文中很常見，但實在是很滑稽。從整段《孟子》引文，我們只能看出孟子主張性善，只能看出中國古時有思想家相信人性善。從引文是不能得出「人之本性是善的」這一個結論。由孟子所説而見到人性善是犯了邏輯上所謂倚仗權威（Argumentum ad Verecundiam）的謬誤。這個謬誤就是漠視推理過程合理與否，只要説話的人是知名學人，是權威人士，便以他所説的為對。這種倚仗權威的錯誤是很常見的，如果倚仗的權威和討論內容有關還算不錯，有時倚仗

的權威和討論內容風馬牛不相及，如討論近代物理學引老子的話，辯論音樂問題引馬克思（Karl Marx 1818-1883）所言，那就迹近胡鬧了。

有人會說權威的話當然有分量，可靠性更高。法庭上不也是倚仗專家的意見，學術論文不也是旁徵博引，無一事無出處，無一字無來歷？在法庭上因為有很多事情，不是法官、陪審員的專業範圍，他們無從判斷，比如死因到底是心臟病，抑或服錯藥；飛機失事是天氣關係，抑或機件失靈，所以非倚賴專家意見不可。但推理過程如果可以客觀判斷，那權威不權威應該沒有影響。學術論文中的徵引，目的是搜集證據，並不是把徵引前人的意見代替了推理的過程，假使論文完全沒有推理，沒有論證，只是一堆前人的意見，那學術界決不能接受。

可是在做學問的過程中，我們往往被權威的話震懾着，連自己的推理能力也懷疑起來了。研究《論語》看到一條注解，覺得理由上說不過去，可是翻查一下，這原來是朱熹說的。朱子是歷史上的大儒，我是甚麼人，不經思索就馬上把自己的意見壓下去了。更可惜的是，作老師的也不看看學生說得對不對，便一拍桌子：「朱子的話都敢反駁？！」在學問途中如果不能跨過這一關，對推理結果還不及對權威的信任，那始終是成不了氣候的。很多年前，我聽美國一名哲學教授保羅・韋思（Paul Weiss）的演講，會後有一位聽眾說：「韋思教授你剛才有一點可能不對，因為這和亞里

士多德的看法恰恰相反。」韋思瞪着那位聽者，頓了一頓，說：「亞里士多德是哲學家，我也是！」意思是如果我說得不對，我錯了，你盡可駁斥我，把錯處指出來，但請不要用亞里士多德唬我。韋思的演講內容我早已忘得一乾二淨，可是他說：「亞里士多德是哲學家，我也是！」那句話的神態、語調，那種尊嚴、自信，卻還是清楚鮮明，相信永遠忘不掉。做學問我們也應該有這種尊嚴；作為老師，也應該訓練學生有這種自信。

10.3　移花接木

　　一種常見的推理謬誤是把沒有因果關係，或未證明有因果關係的兩件事拉在一起，當成一因一果，在邏輯上這種錯誤有個拉丁文名字「non causa pro caus」。另一種和上面的謬誤相似，叫「Ignoratio Elenchi」，就是振振有詞地說了一大堆道理，其實仔細分析一下，這些論據和結論是沒有關係的。我把這兩種錯誤都譯作「移花接木」，就是說結果和所謂原因，結論和所提理由，本來是毫無連繫，辯者硬把他們扣在一起，而聽者不察，也受了蒙蔽、欺騙，接受了兩者之間本來並不存在的關係。

　　舉一個例說明第一種的移花接木。清末民初，父母之命，媒妁之言的婚姻制度已經動搖了，青年男女自由戀愛，然後結成夫婦。有些保守人士就指出與此同時離婚的數目

也顯著地增加，於是就把自由戀愛當成不美滿婚姻的原因。他們說：「這種自由戀愛，導致不健康的婚姻。傳統由父母、兄長撮合的姻緣，有時反倒更基礎穩固。」被這種移花接木的推理騙倒的大有人在。我不是說這兩者之間必然沒有因果關係。只是說不能因為兩者同時出現，便認為一定互為因果。可有想到，一個開放社會才容許自由戀愛，同樣一個開放的社會才容許離婚？傳統的社會只准出妻，離婚是受歧視的。自由戀愛和離婚數目的增加，可能都是社會開放的結果，彼此之間可能沒有因果關係。今日，很多人指出資本主義、自由民主的國家存在不少道德問題，他們告訴我們這是資本主義，是個人自由所帶來的惡果；如果我們關心下一代的道德，對追求個人自由，對爭取民主，對擁護資本主義的經濟政策，應該重新考慮。可是這些道德問題和個人自由，和民主政制到底有甚麼必然的因果關係？那卻沒有好好討論過，這就是在耍弄移花接木的手段。

第二種的移花接木，也可以舉例說明。我們反對某甲離婚，提出不美滿的婚姻對孩子的影響。說得固然有理，可是並沒有照顧到某甲的婚姻是否美滿，即使不離婚，他的婚姻究竟是否應該勉強維持下去。又如，香港有人贊成中學要用英語教學。他們大談英語對於一個國際商業城市如何重要。英語在國際貿易的重要性是無庸置疑的，可是那和香港中學該用英語教學有甚麼關係？東京也是一個國際貿易中心，德國的法蘭克福、漢堡亦然。難道這些大都會都

應該以英語為中學的教學語言嗎？我不是說某甲該離婚，也不是說香港中學不應用英語授課；我只是說美滿婚姻對孩子的影響，英語在國際商業中的位置，雖然說得動聽，但和結論沒有任何關係，由此未能推出某甲不宜離婚，香港宜用英語教學的結論。移花接木手段要得好，推理時洋洋灑灑，無懈可擊，我們就墮入圈套，看不到從這「周密」的論證，原來是推不出論者要推出的結論來的。

10.4　你最近可還有繼續打老婆？

如果有人問你：「你最近可還有繼續打老婆？」要你像在法庭上作供一樣，只可以回答有或沒有，是或不是，不少讀者大概會覺得難以作答。答「有」，就表示自己一直在幹一些不應該幹的事；答「沒有」，問者可以說：「哼，你終於覺悟前非，改正了以前可恥的行為了。」這也非常不光彩。而且也不是你的答案的意思，因為你壓根兒從來未打過老婆。這個問題，無論答有或答沒有都有點不妥當，因為表面上這雖然只是一個問題，但裏面的「還」字和「繼續」這個詞，隱隱然肯定了一個假設：那就是答者從前是打老婆的。要清楚回答這個問題，多數的讀者應該說：「我從來未打過老婆，何來繼續？」在論辯當中，很多時候辯者會用這一種不正當的問題以求達到他的目的，這種不正當的手段叫做：「複式問題」。那就是表面上只是一個問題，裏面其實隱含

了幾重意義，答者不小心，簡單回答了表面的問題，問者便把答案移到另一個意義上面去，然後大做文章。

「你可還有繼續打老婆？」只是開開玩笑，叫讀者明白甚麼是複式問題。有時這種手法用得很高明，我們很容易就墮入圈套。「你中學時有沒有參加過某某這個反政府組織？」你說沒有。詢問你的人向外宣佈：說你也同意某某是個反政府組織。待得你抗議說你答案的本意只是否認參加過某某這個團體，並未肯定這個團體的性質，那已經遲了。

複式問題的原則就是把幾個不同的問題混在一起，逼對方提出一個簡單的答案，試圖把對方難以接受的事情或決定瞞天過海混過去。要避免這樣的陷阱，我們就要把問題拆成簡單的單元，還它本來面目。在這方面，我們較美國總統幸運，根據憲法美國總統對國會每一個決案只能接受或否決，不能改寫或拆開，接受一部分，反對一部分。因此不少國會的重要決案都有所謂附案（rider）。議員把一些總統未必肯接受的決議附在總統難以否決的決案內，總統於是就陷於兩難之中，接受這個決議便得接受一些自己不願通過的，假如否決那些自己不願接受的，也就把自己同意的也一併否決掉了。這是美國國會向總統常常耍弄的手段。另外一些書商向圖書館推售舊書，往往是整批發售，不能分開購買，每批中有三、五本有價值的，夾上二、三十本垃圾。這也是複式問題的一種變奏。也許這是高明的政治、商業手段，但在推理、論辯上卻是不正當的。

10.5 以無知為證據

　　論證上另一種常見的錯誤，就是把未能證實是錯的或假的看成對或真。占卜的人能預知別人的前程命運；氣功大師曾千里發功救滅大興安嶺的森林大火。前者，被預測的人一日未蓋棺，我們都未能證實占卜人錯或對；後者，已是過去的事，大興安嶺的火已經滅了，是否氣功大師的部分功勞那是很難證明的。支持他們的人說，你們既沒有確證他們所說的是假，卻又不肯相信他們是真，那就是不開明，先入為主，缺乏科學精神。似乎不信的是心胸狹隘，頭腦閉塞，一切錯誤他們都得肩負。最可怕的是，不少受過教育的，算是知識分子，也往往認為一件事未能證實是假，就必須接受為真，那才合乎科學精神，那才是開明態度。這種謬誤叫做「Argumentum ad Ignorantiam」，姑且譯為：「以無知為證據。」

　　以無知為證據，有人指出是文明社會法律的原則。一日罪證未確立，一日都是清白無辜，所謂「Innocent until proved guilty」。氣功大師說他千里發功，滅了大興安嶺大火。你說他沒有，那就是說他打誕、撒謊。你可有確證？如果沒有，那就是誹謗。和這些人辯論很簡單：我說他沒有也不能發功滅大興安嶺大火。他說有，那就是說我打誕、撒謊。他可有確證？如果沒有，那就是誹謗。這種辯論，似乎誰把自己放在被告的地位，誰表現出一種受委屈的

姿態，誰就佔了便宜。文明社會的法庭遵守「罪證未確立，被告是清白」這原則，是因為對被判有罪者的懲罰，往往對受罰者，以及跟他有關係的人，都有很大的負面影響，萬一判錯了，是無法彌補、不能補償這個錯誤的，所以寧縱無枉。

然而，在學術上，寧縱無枉是行不通的。任何人說任何話，無論如何荒謬，只要未能確定它錯就接受是對，那麼不少精力、金錢、時間就都虛耗了。因此，我們是要先看一些證據，然後才考慮它的真假。科學精神絕對不是甚麼都不懷疑，都先接受，待得有相反的證據，才排斥拒絕。恰恰相反，科學精神是先看證據，才接納相信。透過以前的經驗和努力，科學家已積聚了不少知識，建立了一些原則和定理；雖然這些都並非不能改變，可是要改、要變，必須有理由、有證據。千里之外發功，使千里之外風雲變色，傾盆大雨，那是積聚下來的科學知識判定為不可能的。而這些科學知識是我們利用過，為我們帶來過不少利益、好處的。現在要否定它的真確就必須拿出證據來。單憑氣功大師的話，單憑幾個人的見證，不能就此接受。為了科學整體上的合理，不產生內部矛盾，一旦接納了這些未能證實對錯的說法或事情，其他科學定理、原則、看法也必須相應變更，這個影響可大了，不能不十分小心。

以無知為證據，大概是今日最常犯而影響又最壞的一種推理上的謬誤。

11

詭辯謎題

11.1 上帝和石頭

每學期總有一兩位同學問我:「上帝能不能創造一塊他自己也舉不起的石頭?」這個古已有之的詭辯,可說於今為盛了。無論相信不相信上帝的,很多都覺得這是個有關上帝存在的大問題。其實,這只是邏輯上的詭論,和上帝的存在與否,沒有多大關係。倒是在邏輯和論辯上很有趣味。

這個詭論詭異之處是令回答的人有兩難之處。答:「能夠」會有麻煩;說:「不能夠」也還是有問題。讓我們先看看為甚麼回答者有這個動輒得咎之感。

首先,問題裏雖然沒有說明,但「上帝」在這裏必須是個全能者,全能必須是上帝的屬性。倘若上帝沒有全能這個屬性(不少宗教所敬奉的上帝並不是全能的),只是天地萬物的創造者,或只是個全知者,這個詭辯也便無詭可言了。因為無論說:「創造宇宙萬物的主宰不能創造出一塊重

得他自己也舉不起的石頭」，或「他能夠造出一塊他舉不起的石頭」，都沒有甚麼矛盾、不能自圓其說之處，除非這個主宰同時又是全能的。

「全能」，顧名思義，就是無所不能。如果全能的上帝不能造一塊這樣的石頭，他就有所不能而不是全能了；如果他能夠造一塊這樣的石頭，那便有一塊石頭，是他舉不起來的，因此也非全能，是以答者動輒得咎。

在這個詭辭裏面，「一塊重得他自己也舉不起的石頭」這句話並不重要。我們可以換上「一架快得他自己也趕不上的飛機」，或「高得自己也跨不過的欄杆」，也都不影響它的吊詭。

因為「重」、「舉」、「石頭」等等，只是掩人耳目的花招，最重要的意義是：「他自己所不能做的事。」詭辭——剝掉了干擾視聽的花招——就是「全能的上帝能不能做一些他不能做的事呢？」

把詭辭還原到這個地步，便可以看到問題的根源了。詭辭的主詞——「全能的上帝」——是假定了上帝沒有不能做的事，但接着又問他能不能做他不能做的事，那就是馬上否定了主詞的假定，認為上帝所不能做的事仍然可以存在。要是我們肯定了主詞的意義，便不能問這個問題；反之，如果我們假定了上帝有不能做的事，就應該否定上帝是全能的。然而，這個詭辭卻把這兩個不相容的假定兼收並蓄，所以難以回答。

全能的定義

　　一個自我矛盾的問題是不能回答的，我們只能指出問題本身的矛盾而拒絕作答。「上帝能不能造出一塊他自己也舉不起的石頭呢？」這個問題隱含了一個矛盾：主詞已經否定了不能存在的事，在賓詞又肯定了這些事的可能性。因此答者的無所適從，動輒得咎，是因為問題本身矛盾。

　　也許有人會說，這個詭辭的用意是顯示全能者是不可能存在的，全能的觀念會帶來矛盾是以不能成立。讓我們看看這個論辯。

　　「全能者」的意思是他沒有不可能的事。仔細想想不可能的事有三類：

　　（1）實際經驗上不可能：沒有人不靠器械的幫助可以在九秒以下，跑完一百公尺，沒有科學理由這是不可能，但直到今天，沒有人能夠做得到。

　　（2）理論上不可能：沒有人可以在完全沒有氧氣的環境下，活超過廿四小時。根據已知的生物理論，這是不可能發生的事。可是「一個人在無氧環境中活了十天」，在邏輯上並非一個自相矛盾的命題。

　　（3）邏輯上的不可能：沒有一個圖形同時是圓形又是方形。

　　我們相信在全能者沒有不可能的事：他可以把地球推離軌道，他可以在香港一般的天氣下，把冰塊加熱至攝氏300

度，冰塊仍然不溶化，……他還可以做很多匪夷所思的事。
但一般人想到全能者可以做的都只是上述的（1）和（2）兩
種：實際經驗的不能，和理論上的不能，沒有人考慮過全能
者所能做的事包括不包括邏輯上的不可能，如他能不能畫一
個圓的四方形？這個沒有考慮過的問題是解決上述詭辯的重
要關鍵。

　　全能是否包括做邏輯上不可能的事？這個問題只有兩個
答案，包括或不包括。假若答案是「不包括」，那就是說縱
使不能做邏輯上不可能的事，如畫一個四邊的三角形之類，
只要他能做其他不可能的事，仍然無礙他作為全能者。這
樣對上述的詭辯，我們可以回答：「上帝不能造一塊他舉不
起的石頭。」但這無損上帝的全能。因為要全能者造一塊他
不能舉起的石頭，是要一位無所不能者做一件他不能做的
事，那是邏輯上不可能的自我矛盾。既然，全能不包括做
邏輯上不可能的事，那麼，雖然上帝不能造一塊他舉不起的
石頭，他依然可以是全能的上帝。

　　假使我們認為全能應包括做邏輯上不可能的事，這樣
對上述詭辯的回答是：「上帝當然可以造一塊他舉不起的石
頭。」但這不表示上帝便有一件他不能做的事，因為他同時
又可以舉起這塊舉不起的石頭。舉起一塊舉不起的石頭是
邏輯上的不可能，但既然我們對全能的界定包括做邏輯上
不可能的事，全能的上帝也就可以把他舉不起的石頭舉起來
了。

一旦決定了全能到底是否包括做邏輯上不可能的事的能力，詭辭也就可以解決了。

假作真時真亦假

「上帝和石頭」是邏輯上的一個詭辭（paradox）。詭辭那種似是而非、似非實是的譎怪，令答者有兩難之嘆的弔詭，對讀者有種特殊的吸引力，挑起他們：「哼！這樣難答?!我偏要試一試」的雄心（或童心）。這些詭辭大半都和事實沒有甚麼關係。有些更顯而易見和事實不符，但有趣的地方便正正在和事實不符卻又似乎言之成理，挑戰讀者找出它的漏洞，衝出兩難的困局。從前有個電視節目《哥倫布探長》，節目開始便讓觀眾知道誰是兇手，引人入勝之處在於看這位其貌不揚、吊兒郎當的探長怎樣破案。詭辭也是如此，趣味在如何去破解表面上無懈可擊的悖論。

假如我說：「這句話是假的。」那麼我說的這句話，到底是真是假呢？如果是真，那麼就肯定了它是假的；倘若是假，那又正恰恰如那句話所說的，因此便應該是真的。所以，「這句話是假的」，可說是假作真時真亦假，真假飄忽詭異。這是，「上帝和石頭」之外，最為人知的另一個詭辭。

怎樣破解這個詭辭呢？歷史上有很多不同的答案。不少唸哲學的人，都喜歡下面的解答：語言有不同的層次。最低的層次是以實物為對象的，但也有以語言為對象的語

言，那就較實物語言高了一個層次。如果以實物為對象的語言是第一層次，以語言為對象的語言便是第二層次，以第二層次語言為對象的語言是第三層次，如此類推。而語言不能以同一層次的語言為對象，只能以低一個層次的語言為對象。換言之，語言不能以自身為對象，直指自身。如果忽略了這個原則，便會引生很多邏輯上的困難。

讓我舉一些例子來闡明上述的道理。「貓」這個字，指的是動物界裏有四條腿、一條尾、咪咪叫、會捕鼠的動物。「貓」本身並不是一隻貓，這是清楚不過的。「字」指的是一些能用來傳遞信息的書寫符號，如「貓」、「人」等等，但「字」的本身也是一個字。討論問題的時候，因為這曖昧的身分，有時便遇到困難了。研究邏輯的人要把「字」這個字看成屬於第二層次的文字，以避免可能出現的邏輯困難。

根據這個原則，「這句話是假的」，不能自指，不能以它自己為對象，上述那種「假作真時真亦假」的情形便不會出現了；似是而非、似非而是的弔詭性也消失了，這個詭辭便給破解了。

割雞焉用牛刀？

「這句話是假的」這個命題，說它是真，它卻變成假；說它是假，卻又肯定了它的真，是個不折不扣的詭辭。哲學上，對這個詭辭，有個破解的方法：就是把語言隨所指

對象分成不同的層次。每一層次的語言，只能以比它層次低的語言或實物為對象。這個理論的確可以解決上面的詭辭，然而，就一般人而言，卻頗有使人摸不着頭腦之感。而且，語言只能以比它層次低的語言或事物為對象，不能直指自己，這個原則看上去有點人工化，強創一個理論，來解決一個難題。

在哲學上，上述的理論，還有其他重要的意義，並不是單單為了解答這個詭辭。若只是為了破解這個悖論便用上這理論，未免小題大做，有牛刀割雞之嫌，其實破解這個詭辭是有更簡單的方法的。

「這句話是假的」是沒有真假可言的，因為壓根兒它就不是一個有意義的命題。倘若你遇見我，我劈頭第一句話就是：「這句話是假的！」你一定莫名其妙，反問：「你說甚麼？甚麼是假的？」如果我重複一次：「這句話是假的。」你應該依然不知我說的是甚麼，再問：「哪句話是假的？」你的反應十分正常，「這句話是假的」確實是句叫人摸不着頭腦、沒有意義的話，這並不是因為我們接受了語言層次的理論。

「這句話是假的」的主語究竟指的是甚麼？當「這句話」出現的時候，「這句話是假的」還未出現，所以「這句話」不能指「這句話是假的」。但除了「這句話是假的」之外，再沒有其他的話可以作「這句話」所指的對象了。因此「這句話是假的」的主語一無所指，「這句話是假的」就沒有意義了。

　　除此之外，真和假只是命題的質性，不是命題的事物是沒有真假值的。雖然我們日常生活中會説：「這件古董是假的」，這只表示「這件古董並不是古時某年代的產品的節縮本」，事物本身沒有真假可言。「這句話是假的」的主詞不是一個命題。縱使我們認為語言可以直指本身，那便是説，「這句話」指的是「這句話是假的」，整句話就是：「『這句話是假的』是假的。」但這句的主詞依然不是個可以是真或假的命題，因為主詞所肯定是假的，是不能有真假值的「這句話」。

　　面對這個詭辭，我們都受了欺騙。在其他任何情況下，大抵我們都不會承認，「這句話是假的」是個有真假值的命題。

11.2　飛矢不動

古代的詭辯家

　　和莊子（約公元前 369-268）在濠上大談魚之樂的惠施（約公元前 370-318），大概是中國歷史上最著名的詭辯家了。《莊子・天下》記載了很多惠施的詭辭：「卵有毛，雞三足，……　火不熱，……　輪不輾地，目不見，……　矩不方，規不可以為圓，……　飛鳥之景（影），未嘗動也，鏃矢之疾，而有不行不止之時……」凡二十多條。這些詭辭除了結論，

其中詳細的推理過程，莊子都沒有記下來，因此我們也沒有機會去破解，實在可惜。據記載與惠施同時的辯者，不少都和惠施相互論辯，終身不休，樂此不疲。可是莊子卻認為這些詭辭只是「飾人之心，易人之意，能勝人之口，不能服人之心」的狡辯，「欲以勝人為名」，於物無用。其實，詭辭雖然未必於物有用，卻可以訓練我們的思考能力；而且饒有趣味。現在留下來的惠施的詭辭，我們都不能看到其中的狡點，使今日的辯士心癢、技癢，卻無緣和惠施一較口談以誰為最賢了。

　　西方的詭辯家最著名的大概要數古希臘的芝諾（Zeno of Elea）。芝諾大概生於公元前 490 年，比惠施早百多年。亞里士多德在他的《物理學》一書，蒐集了好幾個芝諾的詭辭，並加以破解。倘若亞里士多德像莊子一樣，視詭辭為「一蚤一虻之勞者」的小技，不屑辯解，那麼芝諾的詭辭，恐怕也不存於世了。

　　芝諾的詭辭，在西方哲學界是膾炙人口的。從亞里士多德開始，便不斷有人，從各個不同的角度去破解，但總有人覺得未解答得完善。直到二千多年後的今日，芝諾的詭辭雖然在結論上明顯地違背事實，但他仍然薄有微名，是在哲學界有一席位的思想家，不少人認為芝諾言之成理，他的詭辭是站得住腳的。

　　最著名的芝諾詭辭，大概是「亞基里士（Achilles）和烏龜」了。亞基里士是荷馬史詩《伊利厄》中的英雄，跑得很

快。芝諾認為亞基里士雖然跑得快，如果和烏龜競走，卻
是永遠趕不上烏龜。因為烏龜是在亞基里士前面一千米處
開始跑，當亞基里士走到原來烏龜的起步點時，那隻龜無論
跑得怎樣慢也已離開了那一點向前移動了。當亞基里士再
趕到那一點的時候，龜又再前進了一些距離。待得亞基里
士再追到那一點，龜又向前了一點。所以亞基里士和龜之
間的距離雖然越縮越短，但無論如何，他總不能越過烏龜，
跑到前面去。

芝諾的詭辯

除了「亞基里士和烏龜」之外，「飛矢不動」也是有名的
芝諾詭辯：

> 任何一件物件都不能在它所佔有的空間以外活
> 動。一枝飛行的箭，每一瞬間，都不多不少，恰恰
> 在它所佔有的空間之內。如果一件物體恰恰在它所
> 佔有的空間之內，換句話說，就是在靜止狀態。飛
> 行的箭，因此就沒有動。動只是我們的幻覺。

《莊子・天下》所記載惠施的詭辯其中有一則：「鏃矢之
疾，而有不行不止之時。」這個惠施的悖論可能和芝諾「飛
矢不動」的詭辯非常接近。只是惠子除了說其實飛矢不行之
外，同時又證明飛矢也不能止，論證過程可能比芝諾更複

雜、譎詭，可惜現在已不能窺得全豹了。

「飛矢不動」這個詭辭當然是和經驗不符。古希臘思想家大都認為經驗不一定靠得住，作為知識的基礎，還是用理性推得的比較穩當。這個看法在今日也仍是有它的道理的。當經驗和推理得來的結果有衝突，我們不一定以為「眼見為真」，反倒往往擱置經驗而接受推理。基於上述的詭辭，芝諾認為一切運動都是假象，飛行之矢其實是動也不動的。

要證明運動的不可能，芝諾還提出了其他的詭辭：

> 我們要從甲點走到乙點，無論甲和乙之間的距離是甚麼，都是沒有可能辦得到的。因為從甲走到乙，我們必須先走到甲乙之間的中點丙。從丙走到乙，又必須先抵達丙和乙的中點丁。從丁到乙也有二者之間的中點戊要經過。這樣下去，我們有無限的中點需要先走過，然後才能夠到達目的地。以有限的時間又怎能走過無限的地點呢？所以從甲走到乙，無論距離遠近，都是無法辦到的。

上述這個詭辭和「亞基里士和烏龜」大同小異。只是後者是說兩個動點，後面一個，無論走得怎樣快，也趕不上前面的；前者則是說，要從一定點走到另一定點，不論遠近，定不成功。原因是任何一段距離，都可以被分成無限多的片段。每一片段雖然很短但總需要時間才可以走過。片段

既是無限多，需要的時間也因此是無限長。要用無限長的時間才能完成的工作，也就是永遠不能完成的工作。是以亞基里士趕不上龜，我們也永不能從甲點走到乙點。

有限的無限

拿芝諾的一個詭辯，試作破解。芝諾說：我們不能夠從甲點走到乙點，因為甲點和乙點之間可以分成一半，剩下的一半再分成一半，這樣二分一、四分一、八分一……一直分下去，以至無窮。每一段分出來的距離，無論怎樣短，原則上都需要時間才走得完。甲乙之間既可以分成無窮的小段，也就需要無窮的時間才可以走完，也就是說永遠走不完。

這個詭辯，就恰如莊子批評惠施：「能勝人之口，不能服人之心。」有人會說：「事實勝於雄辯。芝諾，你睜大眼看清，我走給你看！」但芝諾說：「眼見可不一定真，經驗可以是假象，推理的結果不能不接受。」

無窮或無限至少可以有不同的兩種。說時間是無限的，那就是說不見其始也莫知其終。陳子昂（約 659-700）的詩：「前不見古人，後不見來者。念天地之悠悠，獨愴然而涕下。」所謂天地悠悠就是這種無窮無盡。

另一種的無限，卻是有限中的無限。《莊子·天下》所載惠施的詭辯：「一尺之棰，日取其半，萬世不竭。」就是

這種無盡。前提已經清楚指明是「一尺」之棰。一尺便是一個限度，但日取其半卻可以無窮，雖然萬世之後，技術上已經不能再把剩下的分半了，理論上卻是可以一直這樣分下去的。這種無限也是芝諾詭辭裏面的無限。二分一、四分一、八分一、十六分一，這些分母倍增的分數是無窮盡的，但他們的總和不能超過一──甲點和乙點的距離，就是一個有限的數目。

當芝諾說這些無限的分段需要無限的時間才可以走完，他第一個無限（指分段）是有限的無限，然而第二個無限（指時間）卻是天地悠悠那種無窮盡的無限。因為只有把「無限」這樣解釋，我們才能把「需要無限時間才可以走完」等同於「永遠走不完」。倘若芝諾不把「無限」的意義改變，都界定為第一種無限，那麼我們當然可以從甲走到乙，因為我們有無限的時間。

假設甲乙相距一公里，我們以每十分鐘一公里的速度前進。確實一公里可以分成半公里、四分一公里、八分一公里，以至無窮。但十分鐘相應地也可以分成五分鐘、兩分半、一又四分一分鐘，以至無窮。每一段距離我們都以相應的時段走完。這些無窮的小段距離之總和是一公里；這些無窮的時段之總和，也不過是有限的十分鐘，並非永遠走不完。

11.3 特異功能

　　特異功能在中國內地和香港都曾掀起過討論的熱潮。一位同學問我：「陳先生，你相信不相信特異功能？為甚麼花上這麼多時間和精力去否定特異功能的存在？」我忽然覺悟，儘管過去對特異功能熱烈討論，但還有一些很基本的問題，我們未曾談論過的。

　　甚麼叫做特異功能？怎樣界定特異功能？任何辯論，界題都是很重要的。然而，在討論特異功能的時候，我們對界題卻是十分含混。

　　如果特異功能指的是一般人不能做的事。那麼，我當然相信有特異功能這回事。世界上有特異功能的人很多。不少更是非常值得我們欽佩的。比如愛因斯坦、霍金（Stephen Hawking）的智慧；劉易士（Carl Lewis）的短跑和跳遠；荷路維茲的鋼琴演奏，海佛茲的小提琴技巧，都不是一般人所能及。如果特異功能指的是這些，我當然相信，只有最愚昧的人才會不信。但顯而易見，今日在中國內地、在香港所說的特異功能不是單指非一般人所能做得到的事。

　　今日所講的特異功能指的是科學不能解釋的事。上面所提到那些人的智力和技巧，是能人所不能，但並非科學所不能解釋，因此不算是特異功能。

　　不過我們還得小心。科學不能解釋的事還可以分成：

（一）科學未能解釋和（二）違背已知科學原則的事。譬如針灸麻醉，據了解還未有人能夠作有系統的科學解釋，但把針放在人體某些部位確有麻醉的功能。而且科學上也沒有任何理論排斥針灸有效的說法。但今日所講的特異功能，如卡片還原、瓶中取物，不止是科學不能解釋，更是違背了一些已知的科學原則。科學未能解釋的事當然可以存在，事實上亦有這些事存在，但這不是特異功能。

界定特異功能

　　特異功能不只是一般人所不能做的事，也不只是科學未能解釋的事，還要是和我們所接受的科學原則衝突、相互違背的事，但這仍然未清楚界定今日的所謂特異功能。因為就是在日常生活中，我們往往也會碰到違背科學原則的事。就如前幾天，我打雞蛋，一不小心，把雞蛋掉到地上去，足足有四尺高，可是蛋居然沒有破。當然，大家可以說如果我們擁有所有有關的資料，這個現象是可以解釋的。但這只是信念，是沒有辦法驗證的。不過無論如何，我不能說我擁有特異功能。為甚麼呢？因為我不能再重複這個現象。倘若我再在同一高度把雞蛋掉到地面，蛋一定破。今日的所謂特異功能，必須是可以重複的。不只可能重複，而且擁有這種異能的人可以隨意重複。

　　上述這一點很重要，因為沒有這一點，我們便不能把

奇蹟和特異功能分別出來。我有些基督徒朋友本來不相信特異功能的。可是因為支持異能的人不斷質問：「你為甚麼又相信神蹟——紅海分開，治癒麻瘋？」也就相信了特異功能，否則覺得有點自我矛盾。他們沒有了解到神蹟和特異功能的分別。我不是在這裏勸讀者接受神蹟，只是要說明，神蹟和特異功能是兩回事，只接受前者，不接受後者，並沒有矛盾。

奇蹟和特異功能有一點不同：奇蹟不是一定可以重複的，摩西帶以色列人出埃及，在前無去路、後有追兵的時候，紅海的水分開了，露出陸地，讓以色列人走過。但以後摩西過紅海，還得坐船，這個奇蹟不再重複，更遑論隨意的重複了。

特異功能指的應該是：一些一般人所不能做，科學不能解釋，甚至違反科學原理的事，但擁有異能的人是可以重複並隨意地做這些事。這應該是「特異功能」的界定。明白了這個界定，辯論時候說：「你是不是認為科學能夠解釋所有一切的事情？」「你相不相信神蹟？」「顯而易見，我們都遇過表面違反科學原則的事，你怎能否定特異功能？」都是離題，都是無關宏旨的。

要證明某人有特異功能，必須證明某人能隨意重複做一些違背科學原則的事。隨意和重複是最重要的兩點。

特異功能的用處

　　就是隨意地重複違背科學原則的事，也並非不能出現，而且在歷史上也出現過。可是當這些事發生的時候，便表示那些科學理論和原則有問題，也許要被揚棄，起碼也必須修正。譬如天文學家，從前是接受「天動說」的，但慢慢發覺有些天文現象是這個理論所不能解釋的，與這些天文理論是有矛盾的。這些現象不是偶然發生，而是反覆出現，於是「天動說」就被捨棄了。因為這個緣故，我們必須正視特異功能，尋個究竟，特異功能如果是真的話，其實是向科學的挑戰。

　　對於魔術師的魔術，除了對魔術有興趣的人，我們都只是存欣賞的態度，並不深究。因為魔術師並沒有向科學挑戰，並沒有間接逼迫我們對科學的原則反省。如果有甚麼挑戰，就只是挑戰我們怎樣拆穿他們的戲法。所以雖然他們也可以「隔物辨字」、「隔瓶取丸」、「卡片還原」，我們都沒花時間去研究，因為他們沒有說自己有特異功能，幹科學上不能幹的事。

　　特異功能的研究，可以幫助改進科學，修正一些科學理論。如果結果是：只是帶異能的人超乎常人，科學理論不必改。那我們也可以看看怎樣利用這些異能來服務社會，貢獻人類。倘使特異功能可以撲滅大興安嶺的火，我們可以派異人往科威特撲滅油井大火，替國家賺取外匯；如果嚼

碎了的卡片可以還原，可以利用來修補破損的文物，勝似只請他來娛樂賓客。可是今日，這些所謂擁有特異功能的人既不能幫助我們研究科學，亦絕沒有貢獻人群。我這樣說是基於下面的理由。

他們根本沒有說清楚他能做的到底是甚麼。以卡片還原為例吧。除了卡片，其他的文件能不能嚼碎還原呢？是不是一定要嚼碎才可以還原？剪碎、燒成灰，被水浸壞，是不是也可以還原？是不是一定要先看過原件才可以還原呢？先把一張異人未見過的名片嚼碎，他能不能還原？這些問題很重要，假使上述所有問題的答案都是「可以的」，那麼如果真有這種異能，用處可大極了。如果所有的答案都是「不」，所謂異能就只是：把一張本來已看過、知道內容的卡片，用口嚼碎，然後還原。我不否認這是特異功能，但除了娛賓的價值之外，似乎再也沒有甚麼重要的用處了。

特異功能的驗證

相信特異功能的未曾清楚界定他們所支持的異人，究竟能做到的是甚麼。譬如瓶中取物，是不是一定要是玻璃瓶呢？其他不同質料製成、不同形狀的容器是否也可以呢？容器是否可以由任何人供給？是否一定要在事前預先看過那個容器？現在的瓶中取丸，都是從一個可以藏在掌中的玻璃小瓶取出，容器大小有沒有限制？可不可以把丸放進普通的

洋酒瓶，讓有異能的人拿着樽頸搖動，使看者清楚看到丸沒有從瓶底漏出？倘使對上面問題的回答都是否定的話，所謂特異功能的瓶中取物就只是：從發功人自己準備的一個可藏於掌心的小瓶取出藥丸。這當然也是特異功能（假設是真的話），但不用我多說，這個功能的奇特性和可信性也就大大打了折扣。

上述是個大問題：特異功能的支持者，並沒有清楚劃定帶功的人所能做到的事到底是甚麼。卡片還原，瓶中取物，沒有詳細說明其中的限制：必須是事先看過的卡片，必須是小瓶之類，所暗示的能力是遠超於實際表演（如果是真的話）所呈現的能力。特異功能的支持者似乎故意利用這種含混，引導我們接受他們的表演所未能證實的。

其次是驗證方面，具有特異功能的人似乎不大願意讓人驗證。他們舉出很多從前成功的例子和證人，但對於安排一個實驗來驗證卻是諸多推搪。他們會說，在內地已由某大學派人驗證過了。為甚麼不接受多一次的驗證？是否可邀請海內外有名氣的學者設計一個實驗？新的科學理論剛提出的時候，往往經過不同地方、不同的人的驗證，為甚麼有特異功能的人要迴避？

就我看來，實驗很簡單，既然可以發功滅大火，何不發功把距離一千公尺的洋燭熄滅。卡片還原，在表演前半分鐘才出示卡片，不經發功人手，由驗證人嚼碎，然後還原。不再神神秘秘，遮遮掩掩。俗語說：「無氈無扇，神仙難

變」，沒有道具、沒有掩閉、完全公開的表演，才能證明特
異功能的存在。

　　特異功能的問題是它挑戰科學的權威，但又不讓別人以
科學方法驗證。要人相信特異功能經得起科學考驗，卻只
讓人看他們像魔術一樣的表演。倘使不接受科學驗證，那
只是一流魔術而已。

12

妙語傳情

12.1「和」字的意義

語言是否必須精確？

在《哲學探索》（*Philosophical Investigation*）一書裏，韋根思坦說：「哲學家對待問題就像治療疾病一樣。」他把解決哲學問題看成醫治疾病。哲學問題究竟是怎樣的一種病呢？當然，這可以不只是一種病，可以有不同的病源，但韋根思坦認為最主要的病源是語言。在這一點上，是有其他的哲學家同意韋根思坦的，可是他們提出的治療方法卻和韋根思坦大異其趣。

這些哲學家認為語言帶來的最大問題是不夠精確、清楚，過於含混和模糊。他們希望創出像科學方程式一樣精密的語言，不但字義清晰，就是語法運用也有準確的規條。他們希望所有日常語言都能轉譯成符號邏輯的方程式，都遵

守符號邏輯推理的規則。一切不能化成這種精密形式的日常語言都有問題。但這並不是韋根斯坦的答案。

他說:「請不要忘記在一般情況下語言的運用是沒有嚴格的守則的。我們也不是透過嚴格的守則去學習一種語言。可是在討論(語言)的時候,我們往往把語言和有精確規則的運算或推理來比較。這是非常偏頗的看法……我們不能為我們用的概念下一個精確的定義,並不是因為我們不曉得它們的定義,而是這些定義壓根兒就不存在。說這些定義一定存在,就像看到孩子玩球就認定他一定有嚴格的賽規。……很多(哲學上)的困惑就是因為這種態度而產生的。」

語言本來是很豐富的,不喜歡的可以說不夠精密。如果勉強把語言變得精確,其實只是使它變得貧乏,失去了很多姿采。就用一個簡單的字為例:「和」字。我說:「昨天晚上我和太太到戲院看電影。」同看電影的有四、五百人,在精確的符號邏輯而言,在電影院中,這幾百人都是「和」我一起看電影。可是,日常語言裏我只是和太太一起看電影,其他的觀眾雖然坐在同一戲院裏,觀賞同一齣電影,卻不是「和」我一起看電影。如果這個例子不夠鮮明,再用另一個例:一次我去聽音樂會,英國皇儲查理斯王子也是聽眾之一,要是我說查理斯王子「和」我一起聽這個音樂會,大概是故意「高攀」,有抬高自己社交地位之嫌吧。日常語言這個「和」字怎樣才能定義得準確呢?雖然沒有準確的定

義，我們大家都懂得用這個字，鮮有用錯，也明白這個「和」字的意義。語言為我們帶來的麻煩和問題，其實並不是因為不準確，而是另有原因的。

「和」字的意義

韋根思坦認為解決哲學問題就像醫治一種疾病，這些病的主要病源是語言。他並不是說語言含混、模糊，字和詞沒有清晰的定義，語法也缺乏精確的運用守則。剛好相反，他認為力求語言精密，往往反而帶來更多的問題和誤會。他說：「想像面前有個工具箱，裏面有鎚、有鉗、一張鋸、一枝螺絲批、一把尺、一個盛膠的罐，還有膠、釘子和螺絲。文字就好像這些工具一樣有多樣的用途。……使我們混亂的是文字聽起來、說起來、看起來都非常相似，可是文字的應用卻不是這樣清楚，尤其是在討論哲學的時候。」

在另外一處，韋根思坦說：「為哲學帶來最多麻煩的就是我們常常把一些重要的『百搭字』（odd-job word），當成只有幾個簡單功用的普通字。」球隊的百搭就是視需要而定，在不同情況下可以擔任不同位置，或鋒或衞的球員。同理，百搭字就是在不同場合、不同上下文，便有不同意義、不同功用的字。我們往往認為一個字，無論怎樣，應該只有一個意義和功用。固然一個字可以有歧義，或引申義，但這些不同的背後必定有相類之處，所以勉強在歧異中

找尋相同點，甚至把一些不同的用法看成錯誤、含糊，務求釐清這些用途，這反而引生出種種的曲解和問題。

再用「和」的例子，「和」字到底是甚麼意義？以往港督年初二晚與民同樂「和」百萬市民一同欣賞煙花；可是我去聽了一個查理斯王子也有出席的音樂會，卻不能說我「和」查理斯王子一起聽音樂。我只是「和」太太一起看電影，雖然電影院裏有二、三百人。有人會說一個人必須「有意地」才能「和」其他人一起，可是當警察問我：「你肯定疑犯昨天下午不在九龍？」我可以說：「對，因為昨天下午兩點左右我『和』他一起走進電影院。」我沒有跟他約定，我壓根兒不認識他，但我認得他的面貌，昨天進場時，他走在我的前面。如果我一個人看電影，碰巧坐在年青貌美的女秘書旁邊，朋友看到取笑我，我會說：「我不是『和』她一起看電影，只是湊巧碰到而已。」為甚麼這裏不可用『和』，而跟疑犯一起走進戲院卻可用「和」？

就是這麼簡單一個「和」字，清晰的定義是甚麼？怎樣用這個字才算用得恰當？上面的例子，哪一個用法是「和」字的本義？哪一個是歧義？哪一個是引申義？為甚麼一定要有本義？為甚麼不能提出一個清晰的意義就表示有毛病？這就是對語言的誤會帶來的庸人自擾的麻煩。

12.2 不能和不為

定義在辯論比賽是十分重要的，辯題裏的詞彙必須界定清楚。雖然大家都知道定義的重要，但辯論比賽往往在定義上糾纏不清。

一次辯論比賽，辯題包括「應該」這個詞彙。反方一位辯員指出，在目前情況下，正方所認為應該做的，實際上是沒有辦法施行的。評判員商討結果時，一位裁判認為該辯論員的論點，完全和題目無關，因為就是中學生也知道，應該與否是說道理，和實際情況沒有干涉。倘使一件事情是應該做的，那麼無論實情如何，當時行得通與否也是應該做的。譬如政府應該使人民溫飽，就是在最窮困的國家，雖然未能當下辦到，也是成立的。他說得挺有道理。

不過，仔細一想，事情有點複雜，牽涉到一個哲學問題：是不是一切應該做的都必須是可行的呢？倒過來說：不可行的、辦不到的事，是不是都可以包括在應該做的事之內呢？這是一個很嚴重的問題。中國儒家對此尤其關注。孟子在〈梁惠王章句上〉，不厭其煩地把「不能」和「不為」分別開來就是這個原因。孟子深信如果要大家做的，原來是不能做到的，好像「挾泰山以超北海」，那麼就是無理取鬧。

如果，我們接受了孟子「不能」和「不為」的分別，上面那位辯論裁判也就未必對。在辯論應否的問題的時候，還是可以討論實際情況的，能不能辦到並不是完全和應該與

否無關的。那麼，裁判和孟子之間的表面矛盾又怎樣解決呢？

有說「不能」有多種。一種是邏輯上的不可能：一件物體同時是甲和非甲，便是邏輯上不可能發生的事。另一種是理論上的不可能：一個人在完全沒有氧氣的環境下，活了一星期，那是理論（醫學理論、生物理論）上的不可能。還有一種是實際經驗上的不可能：坐太空船遨遊太陽系八大行星之間，在今日這個環境是辦不到的，這是實際經驗上的不可能。但隨着環境的改變，知識的增長，第三種的不可能是可以變成可能，甚至事實的。就是一九六○年代的初葉，人登陸月球仍然是實際經驗上的不可能，但在六九年夏天便成為事實了。遨遊八大行星之間，說不定在三、四十年後，可以成為事實。如果我們把這幾種「不能」分別開來，也許我們可以說：「應該」不能包括邏輯上不可能和理論上不可能的事，但卻可包括實際經驗上尚未可能的事。

12.3 「應該」的意義

應該做的事是否可以包括不能辦得到的事呢？有人認為答案是：可以包括實際經驗裏辦不到的事，但不能包括邏輯上或理論上不能做到的。因為前者，嚴格來說，只是「未能」，並非「不能」。假使我們認為某件事是應該做的，便不能藉口未能辦到，把合理的事也說成不該，而是要加倍努

力，把這個「未能」實現出來。

　　表面上，問題是解決了，但其實只是一些文字遊戲，事情並不是這樣簡單。所謂三種「不可能」，看上去很清楚，但理論上的不可能和實際經驗上的不可能，往往不容易分得開。二千年前，把人送上月球，在當時的人心中，可能不止是實際經驗上的未能，而且也是理論上的不能。今日，一個人活到一千歲，究竟是經驗上的不可能，抑或理論上的不可能，也是可以爭論的。

　　問題的複雜並不在上述的困難，主要還是「應該」這個詞彙，在日常生活中的運用，並不是上述這些簡單的界定可以清楚地規範得住。舉例，三個人在山裏走，其中一個忽然病倒，其他兩個人應該怎樣做呢？按照醫學知識，這種病人不宜移動，應該找個陰涼的地方，讓他躺下。倘若其中一位說：「慢着，實際情況不容許我們這樣做。因為……」我們不待他說完要說的話，馬上反駁：「應該與否和實際情況無關，你的理由也就不必多講了。」這到底合理不合理？

　　在日常生活用語裏，有時「應該」是不必計較實際情況，放諸四海而皆準的。就如「政府應該確保人民的溫飽」，縱使當下未能辦到，這個命題依然成立。因為在這裏「應該」有責任的意義。說話者的意思是政府有責任確保人民溫飽，現在辦不到，不能便說沒有責任。

　　可是「應該」還有別的意義、別的用法。「我們從沙田到北角應該坐東鐵，轉港鐵，抑或應該到紅磡總站轉隧道巴士

呢?」這裏的「應該」沒有責任的意思,上面的句子不能改寫成:「從沙田到北角我們是不是有責任轉港鐵,抑或有責任坐隧巴?」「應該」在這裏的意思是「最適當」,那就必須視實況而定了。

在討論問題的時候,我們往往把日常生活用語呆板地界定了,而且還不承認是「呆板」,反而說日常用語太鬆懈。

12.4 花可不可以開得芬芳

日常用語往往含義豐富,用在專門討論時才把意義收窄。可是我們往往說,專門討論時詞彙用得嚴謹,便暗示在日常生活裏,這些詞彙用得太鬆懈,也就是有錯誤。於是,專門用語就出現,其實是把日常用語的意義故意縮小;現在反而使人以為專門用語是原來已有的、是基本的,日常用法是不小心地把原來的意義擴大了。我們只是姑且容許日常的用法,用者必須記着,這些用法是不準確的。比如上節談到的「應該」,準確的意義是帶有理想、責任的成分,和實際經驗的能和不能無涉。其他用法,如:「從沙田到北角應該坐東鐵轉港鐵,抑或轉隧巴」,那只是濫用了「應該」。我認為這種見解很有問題。

很多年前,我領隊到新加坡參加亞洲華語辯論賽,辯題是:「輸入外資可以確保落後國家的經濟快速增長。」我們是正方。事前,很多人都說我們輸定了,因為世界上沒有

可以百分之一百保證的事物。我的看法不同，我們蒐集了不少有「確保」一詞的句子，如：「為了確保搭客安全，在行駛期間，請勿與司機談話」；「為了確保新加坡的經濟發展，新加坡必須從依靠廉價勞工的手工業，轉到發展高科技的工業」……等等。出賽的時候，我們強調在日常用語中「確保」是有另外的涵義，並不解作「百分之一百保證」，否則「確保」一詞便是百分之九十九以上用錯了，也許應該在我們日常用語中剔除。結果，我們勝出，多謝明智的評判。

在討論問題的時候，我們的責任往往並不是限制日常用語的用法。一次考試，要學生改的病句中有：「公園裏的花開得芬芳燦爛。」答案是要把「芬芳」兩個字除掉，因為花開是有關視覺的，而芬芳是由嗅覺感到的。這個就是人工化地訂一個標準去規範語言的正當用途。花開是不是只是視覺感到的呢？難道對瞎了眼的人來說，花就都不開了麼？是誰訂出花開必須眼見這個解釋？而且日常生活中我們常常說：「我聽到火車來了」，或「我聽到他在隔壁屋子裏。」這難道都是錯誤？難道我們必須說：「我聽到火車的聲音，推知火車快要到站了。」「我聽到隔壁屋子傳來他的聲音，推知他一定在那裏。」這並不是準確與否的問題，「我聽到火車來了」在日常用語裏已經是十分準確，另外的說法不是更準確，而是討厭地嚕囌。

邏輯和日常的論辯

　　把日常語言看成不準確、太鬆散，硬要把某些哲學上或科學上的定義代進日常慣用的詞彙上去，是一個嚴重卻又常犯的錯誤。我們必須牢記，日常語言不是——我要再三強調「不是」——哲學或科學語言，但絕對不是不如。它們之間的不同是沒有價值上的差異。

　　不只詞彙的定義如此，同樣，把邏輯規條硬生生套到日常語言上去，也是個大錯誤。邏輯是研究語言上一些「內容中性」的詞語彼此間的關係。譬如，亞里士多德的三段式是探究「所有」、「一些」、「是」和「不是」這些「內容中性」詞之間的關係。符號邏輯中的一部分就像古代的麥加拉學派（Megarian），研究「和」、「或者」、「假使……便……」這另一組「內容中性」詞的相互關係。但他研究的結果和日常用語並不是可以拉得上關係。

　　譬如根據符號邏輯，如果命題 P 是假，那麼「如果 P 便是 Q」便一定是真的，無論 Q 的內容是甚麼。所以「如果我面前的紙同時是白色和不是白色，你便長生不老」這個命題，從符號邏輯觀點來看，永遠是真的，然而在日常語言中，這是個荒謬、沒有意義的命題。

　　在這裏我不是說邏輯沒有用，我只是反對硬生生把邏輯套進日常語言，或者把日常語言看為不嚴謹、有缺陷，要把普通說話改造成邏輯語言。英國二十世紀初哲學家瑞爾

（Gilbert Ryle 1900-1976），用下面的比喻來解釋邏輯和日常討論問題之間的關係。

日常的討論好像戰爭，邏輯就像士兵平常的演習和操練。在戰場真槍實彈和演習時迥異，一個士兵如果硬要把操練時的規條和動作全盤搬到戰場上，那是必死無疑。倘使他投訴真正的戰爭完全不守演習時的規矩，那只能引來一番訕笑。但演習和操練並不是完全沒用。這些人工化的安排、有意義的計畫，是希望士兵透過這些訓練，提高警覺，舉一反三，在戰場上不致手足無措，懂得應付各種不同的情況。

學習邏輯只是訓練學生有敏銳的思考和論辯的能力。不是教導學生怎樣呆板地以邏輯規條套入日常生活中，以致局限思想。而是透過訓練提高他們在思辯時的警覺性，這才是邏輯和日常討論的真正關係。

倫理趣談

13.1 道德的根本

仁義禮智根於心

《孟子·告子上》有一段常被引用的話：

> 龍子曰：「不知足而為屨，我知其不為蕢也。屨
> 之相似，天下之足同也。」口之於味，有同耆也，易
> 牙先得我口之所耆者也。如使口之於味也，其性與
> 人殊，若犬馬之與我不同類也，則天下何耆皆從易牙
> 之於味也？至於味，天下期於易牙，是天下之口相似
> 也。

接下來、孟子舉了師曠、子都為例，認為師曠的音樂人
人都愛聽；子都的美貌人人都愛看，於是得出下面的結論：

> 故曰，口之於味也，有同耆焉；耳之於聲也，有同聽焉；目之於色也，有同美焉；至於心，獨無所同然乎？心之所同然者，何也？謂理也、義也。聖人先得我心之所同然耳。故理義之悅我心，猶芻豢之悅我口。

近代非議這段文字的人不少，認為推理乖謬。美國一位漢學家便就此公開批評孟子頭腦簡單。首先討論的是道德，是理義，卻舉甚麼「天下之足同也」為例，風馬牛不相及，不倫不類。

非議者認為「口之於味也，有同耆焉」一句，更完全不符合事實。歐洲人喜歡吃乳酪，即廣東人所謂芝士，味道愈濃愈喜歡，而一般中國人卻是吃不消的。廣東人的鹹魚，北方人的臭豆腐，西方人每嗅到，無不掩鼻疾走。孟子見聞不廣，才有「口之於味也，有同耆焉」這句乖離事實的結論。尤有甚者，從身體的相似，口味的相似，一跳便得出內心的理義也相似的結論，那簡直是不知所云。

我不同意上述對孟子的批評。無論我們接受與否，孟子這段話並不是胡言亂語，而是有很高的智慧，很能幫助我們對道德的理解。

跟西方道德理論不同，中國人的是非對錯——道德規律、標準的基石，不在人以外的世界——不是上帝所釐定、頒佈的。也是孟子說的：「君子所性，雖大行不加焉，雖窮居不損焉，分定故也。君子所性，仁義禮智根於心。」

（《孟子・盡心上》）人心是一切道德的基礎，是仁義禮智的根源。文首所引〈告子上〉的話，便是孟子對這個理論的闡釋、理由和證據。

人心不同，各如其面

　　孟子「仁義禮智根於心」的說法，首先需要肯定人有相似的道德心。人的身體確實各各不同，沒有兩個人是完全相同的，即使是孿生兄弟或姐妹也如是。所謂人心不同，各如其面，人的心自然也不相同。沒有相同的心，各人的心接受不同的理義，又怎可以孕育出同樣的仁義禮智、同樣的道德標準？《孟子・告子上》的一段話，便是要論證人是有相類似的道德心。

　　的確，人心不同，各如其面。但請仔細想一想，人面是相似多呢？還是相異多呢？我們大家在臉的上方都有兩隻眼睛，眼的上邊各有一道眉毛。臉的中央，有一個鼻，雖然有高有扁，有大有小，然而形狀差不多。鼻下是嘴巴，頭的兩邊是耳朵。人面雖然不同，卻是大同小異。如果人心如面，也許相似的地方多，不類似的地方少──這就是孟子引龍子所說：「不知足而為屨，我知其不為蕢也，屨之相似，天下之足同也」，當中所要說明的道理。

　　人的腳雖然大小不同，形狀有異，但縱使為未謀面的人做一雙鞋子，稍有經驗的鞋匠都不會做成籃子的模樣，因為

人腳雖有不同之處，可是相類之點更多。好像今日，無論英國鞋、德國鞋、意大利鞋，樣子都差不多，世界上任何地區，不同的人穿起來都會覺得舒服。這就是因為如龍子所說：「天下之足同也。」當然並非完全相同，卻是大同，也不排除小異。

倘若把人足和犬馬之足來比，那分別可大了。因為人和犬馬不同類。我們相信同類的動物，譬如人，身體形狀和對外面刺激的反應，都有相似的地方，因此，鞋的形狀一樣，手套的款式相似；也相信無論病者是甚麼人，同樣的藥物都可以治同樣的病。至於身體器官方面，心一定略略偏左，盲腸在右下方……於是，孟子問：「至於心，獨無所同然乎？」為甚麼一提到性情、心志、喜好、是非，我們便忽然改變態度，堅持沒有任何相同之處，你有你的，我有我的方向呢？假使有人認為人心的位置因人而異，有在左，有偏右，有居中，有上，有下，我們覺得他大抵精神有問題。也許間中有人，心的位置在右邊，我們都會認定他是反常。可是討論道德問題，我們卻偏偏接受人與人之間沒有相同的地方，沒有任何觀點可以被稱為不正常，那是合理的嗎？

我心之所同然

討論道德，舉「天下之足同也」為例，不明白的人以為風馬牛不相及。如果把這個例子和孟子近結束時候的問

話:「至於心,獨無所同然乎?」連在一起看,卻是十分有意思,發人深省。究竟人的道德心真個如此不同,抑或我們假設其不同,然後從這個假設推出道德命題只是情感的表達,沒有真假可言?也許我們需要仔細想想,「至於心,獨無所同然」這個假設,看看到底合理不合理。

除了「天下之足同也」——身體相類似之外,孟子還相信,「口之於味也,有同耆焉;耳之於聲也,有同聽焉;目之於色也,有同美焉。」這個說法也是很多人所詬病的。就以味為例吧,中西愛吃的固然不一,即使只是中國,不同地區也有不同的口味,又怎能說有同耆焉呢?

孟子這樣說,並不是因為他見到人人喜歡吃的東西都是一樣。他應該曉得這不是事實。他提出的證據是:「天下期於易牙,是天下之口相似也。」易牙是齊桓公的廚師,人品不好,但卻是一名出色的烹飪專家。孟子以他為例,可以窺見孟子論證的方向。

口有同耆的證據不在人人都喜歡同一種味道,而在有名廚可以烹調未曾有人嘗過,卻又多數人一嘗便欣賞的菜式。一位烹飪高手可以看穿表面上的種種不同之耆,而直指人類味覺深處的「味根」,燒出一般人都喜愛的美食。孟子所說的同耆不是表面的,而是深層的。所以指出在日常生活中,人的口味不一,並未駁倒孟子。

從另一角度,也可以支持口有同耆的看法。人是可以轉變口味的,這種轉變在實際生活上常常發生。然而,口

味的變換絕大多數不是因為被強逼的，只是新的口味接觸到「味根」，本來以為怪的便變成可讚賞的了。有以為這是習慣使然，臭不可當的，習慣了便可以接受了。我看不是。第一，口味的更變，有時是頓悟的；第二，習慣只可以使人接受本來厭惡的，不能叫人讚賞。

廚藝高手是先得我口之所同然，人心深處相同的「味根」，音樂名家也是先得我耳之所同然，人心深處相同的「樂根」，孟子認為人的行為雖然表面不同，生活方式、是非標準也似乎有異，但人心深處仍然有相同的仁義禮智之根，而聖人先得我心之所同然，這便是道德的基礎。

道德討論的前提

從表面看去，「口之於味，有同耆焉，耳之於聲，有同聽焉，目之於色，有同美焉」，都不合乎事實。然而只要我們留心仔細閱讀孟子的話，便會發現他的所謂「同」，指的不是表面，而是深層。道德上的是非，藝術上的優劣，一切價值判斷都是植根於人心的深處。在今日複雜的社會裏，也許我們會覺得善惡難分、美醜不辨，但如果我們有耐性，誠實地去抽絲剝繭，始終可以回到人生所同然之處的。要是到了這裏我們仍然不同意的話，孟子說：「無惻隱之心非人也；無羞惡之心非人也；無辭讓之心非人也；無是非之心非人也。」我們也可以借用他的話，起碼其中一方是「非

人也」。

「非人也」這句話在這裏並不是價值的判斷，而是事實上或定義上的判斷，並不一定有貶義。就如我們見到一個只有一隻眼睛生在額中央的人，或者心臟在右邊的人，我們會說他們是不正常、畸形，這也不一定是貶詞。更不表示我們排斥他們、賤視他們，可以是純事實的描述。

對道德上我們視為非人的人，（「非人」也就是「不正常」、「畸形」一樣的意思），我們依然可以愛護有加，熱切關懷，就如對身體不正常的，我們往往關切照顧，甚至過於常人。說他們是不正常，只不過是說我們不以他們的狀況為一般人的標準，不學效、不模仿他們。我們盡量避免變成他們的樣子，也極力幫助別人不要變成他們的樣子。如果做得到，我們希望把他們變成和我們一樣。因為正常的意思就是我們接受為我們所同然的樣式。上面的看法，用諸身體的差異，相信大家都會同意，可是用諸道德標準，美醜是非，卻又有很多人反對。

道德的命題並非沒有真假。道德的討論也不是沒有辦法理性地進行。只是我們把道德命題真假的基礎除去，也同時把理性討論道德的根據排斥掉，所以有上述的結論。道德真假的基石是人類的感情，要理性地研討道德問題必須訴諸我們同然的好惡。可是今日我們反對人心有同然，也反對感情可以作為真假的根基。

《孟子・告子上》的一番話，便是要肯定人心與人體一

樣，有相同之處，如果不同，那只是小異。同時更肯定道
德的根源是在於人心所同然之處。要討論道德問題，必先
承認這兩點。

道德和人心

今日，談論到道德問題，往往各持己見，得不到任何
定論。掉過頭去看科學，不同的意見，大多可以用大家都
接受的方法去驗證誰是誰非、孰優孰劣，不由得不令對道
德問題有興趣的人羨慕，而開始懷疑究竟倫理學是否容許理
性地討論、理性地解決。不少人，例如道德的情緒主義者
（emotivist）便認為所有道德命題，都是在認知上沒有意義
的（cognitively meaningless）。道德上的歧見只是感情上的
不同，就如甲喜歡甜，乙喜歡酸，沒有真假可言。

道德的討論的確不是科學的討論，但並不是沒有真假，
更不是不能理性地討論。很多時候，只是我們堅持道德討
論的基礎必須跟科學一式一樣，堅決把理性和感情分家，因
為道德論辯不能滿足這些預設條件，便宣稱道德命題沒有真
假，在認知上沒有意義。

道德的探討不同於科學，不能不顧及人的感情，而人的
感情亦不是各各不同，而是有同然之處。偷東西，甲以為
錯，乙卻說是對，有沒有解決方法？有，訴諸人類的感情。
無緣無故把屬於別人的東西拿去自用，一般人都會認為是錯

的。如果有人問為甚麼是錯？不能回答。就如人為甚麼要氧氣才能生存？人為甚麼不喜歡痛楚？我們生下來便是這樣，生下來便有這種感情、這種是非之心。

有人說：「不對。小孩子似乎沒有偷東西是錯的這個觀念，是後天灌輸的。」必須學而後能，跟是否天生的質性是沒有關係的。其實天生的並不等於不用學，天生的很多時需要後天培養才能發展。

我們很難證明孟子所說：人心都有相同之處。然而，我們的生活卻都是以這個為前提，只是為了辯論，才堅持人心未必相同。

試想一想，為甚麼不同文化、不同民族，兼且是顯而易見沒有任何接觸、溝通的不同社會，絕大多數都反對偷東西，都以偷東西為錯誤？如果人對於偷東西這個行為的看法是中性的，世界上鼓勵偷、贊同偷、以偷為合理的社會，應該跟禁止偷、反對偷、認定偷是不合理的社會，在數目上差不多。可是事實並不如此。我們又怎樣解釋這個現象？

不單偷東西，其他很多道德價值：誠實、勇敢、仁愛、忠心，莫不如此。最合理的解釋是：人性如此，而這個如此的人性，便是道德的基礎。

尊重和視為常態

決定道德問題的真假需要訴諸人類的感情，有反對的人

認為這是以眾凌寡，不尊重，甚至「強姦」少數人的意見。我看持這些反對見解的人，可能在某幾方面有些混淆不清。

第一，是不是所有少數的意見都必須尊重呢？很清楚，有些少數意見，我們不只不必尊重，而且更不該尊重。今日社會上仍然有人歧視膚色不同的人，也有人輕視女性，這些少數人的看法，我們不必，也不該尊重。所以不要動不動便掣出尊重少數人的大旗，有些少數的見解是需要唾棄的。

其次，我們都曉得，尊重少數人的意見，並不等於容許他們在任何地方都可以把他們的意見實行出來。社會上有喜歡吸煙的人，我們尊重他們的嗜好，在露天地方，任由他們享受抽煙之樂（如果抽煙的確有可樂之處的話）。可是他們的行為如果影響到其他一般人，我們便會禁止。這種禁止，並不能和不尊重混為一談。

第三，公開宣稱一種行為是錯，勸人不要仿效這種行為，並不構成不尊重。如果我們公開反對抽煙，煙民認為侮辱；公開宣稱賭博有害，賭民認為逼害，那可不是我沒有道理。我同情聾子、盲人、啞巴，但我不能因此便肯定聾、盲、啞是好事，也不能因此便不宣傳注意身體健康，以避免聾、盲、啞。

我們常常聽到下面的投訴：「我生出來和一般人的愛惡不一樣，為甚麼因為與眾不同，便要受歧視。」我很同情他們，然而須看「歧視」怎樣解釋，這是不能避免，也無須

避免。

　　我們要看這些不一樣是甚麼的不一樣。如果他有露體狂，那是一種反應；同性戀，那是另一種反應；倘使他只是喜歡有狐臭的異性，那又是不同的反應。無論如何，尊重這些不同，不等於任由他幹他喜歡的事，更不是去修正社會上的道德或審美標準。

　　禁止、視之為不正常、公開反對、勸別人不要接受，看這些不同是怎樣的不同，都不一定便是不尊重，不一定便是「強姦」少數人的意見。今日，很多人看不到這一點，把尊重和接受為常態混淆，成為了道德討論的障礙。

13.2 道德與求愛

變的感情、不變的道德

　　一般人的感情並不是恆常不變的，如果道德命題的真假是決定於人的感情，那麼當人的感情變了，道德上的對錯豈不是也隨之而變，因時地而異？從前大部分人接受奴隸制度，今日多數人都不再容忍這個制度了。難道蓄奴從前是對的，在今日便不對？我們相信道德的標準是超時空的，如果不應擁有奴隸，那麼以前、現在、將來都不該擁有奴隸。所以，人常常變化的感情，不能是考慮道德命題真假的因素。

　　對這個批評，可以有下面的回應：

一、説道德判斷是決定於人的感情，並不是説人的感情有改變，道德的標準也隨之而變。我們相信超時空，永恆不變，每地皆然的是道德的標準，並不是實在行為的對錯。舉例：效益主義（utilitarianism）認為能替全人類帶來最大的快樂或最小的苦痛的行為便是對的。他們相信這個衡量對錯的準則是超時空的，可是按這個原則而得的答案卻不是超時空的。當人類對快樂和苦痛有不同的看法的時候，由這個原則作出的決定便不相同。有可能異時異地認為對的，今日今處是錯的，然而用的標準卻是完全一樣。

在這裏我並不是支持效益主義。只是要指出，分辨道德命題的真假，把人的感情列為重要考慮因素，並不否定道德原則是放諸四海，無論古今而皆準的。

二、是不是一切真假都必須不為時空所囿？不錯，有些真相是亙古不變的。譬如光速，這種真假不會因時地而變。然而，是不是所有的真假都必須如此？

有關善（倫理學）和美（美學）的命題，也許不必和科學上的真同樣處理。然而，堅持善和美也必須像科學上的真一樣的去衡量，可能是研究倫理學、美學的大障礙。

今日我們認為美的，從前可能視作醜；今日我們看為惡的，從前或者當成善。我們問：「到底今日對呢，抑或從前對？」也許我們問錯了問題。今日對，從前也對。因為美和善是關乎人的感情。如果堅持美善必須永恆不變，便不能牽涉人的性情、感覺，我看是預設了答案，並沒有客觀地去

剖視倫理學或美學的現象。

　　上述看法最困難的一點是：道德的改革大部分是由少數人開始的，這個事實又怎樣解釋呢？

道德和求愛

　　一切道德的改革都是少數人開始的，從前把一些人當為奴隸，像畜牲一樣買賣，一般人不以為怪。可是有少數人覺得這樣不對，我們必須平等的對待所有人。逐漸便改變了人的看法，廢除了奴隸制。因為男人愛小腳，覺得這是美，於是不惜殘害女性的身體。纏足千年以來都被中國人接受，可是，有少數人認為不對，經過他們的努力，中國人摒棄了這個陋習。如果道德的判斷要考慮一般人的好惡，一般人的感情，上述的事實又怎樣解釋呢？剛開始反對蓄奴，反對纏足，是不是錯呢？

　　這的的確確不容易回答。可是所謂難只是表面，答案聽來不順耳而已。

　　假設，反蓄奴、反纏足失敗了，一般人不接受反對者的意見，今日我們會不會以他們為對呢？歷史上有很多反對的聲音是被忽視，或被壓下去的。今日，我們認為這些意見，不少的確是錯的，被忽視和壓抑是合理的。

　　換言之，少數的意見變成對、道德改革的成功，是因為這些意見至終或為多數意見。每個道德改革都必經過少數

變多數這個關鍵時刻。

　　我們可以說，最後多數人終於明白了甚麼是真；我們也可以說，因為多數人的感情改變了，所以也改變了某一行為的道德價值。

　　我有時覺得道德上的論辯，有點似求愛。甲愛乙，乙不愛甲。甲施出渾身解數希望說服乙接受他的愛。這種說服，當然不是強逼，也不是不理性，但卻不同於說服他人接受地球是圓的，吸煙危害健康。也不是指出乙必須愛甲，如果不這樣做，天理不容。這種說服是試圖改變對方的感情。只不過在道德的問題上，我們要說服的不是一個人，而是一群人。

　　然而，在道德討論上我們卻要排除感情，就是說我們認為提出的道德原則是金科玉律，客觀真理，而若別人不同意就是道德盲，也不管他人的感情。倘若甲向乙求愛持此態度，大概都會被視為精神有問題。

　　倘使我們接受道德的探索必須以人類的感情為出發點，道德的論辯是企圖改變他人的感情，也許道德研究可以有快一點的進步。

14

通識教育

14.1 君子不器

「成器」在今日是褒詞。我們都希望下一輩成器，不止於成器，而且成大器。倘若自己四十、五十而無聞，往往心裏說「大器晚成」，聊以解嘲。

中國傳統尊崇的聖人孔子（公元前 551-479）似乎不是這樣想。《論語》記載他說：「君子不器。」與儒家思想非常不同的道家，在這點上也好像同意孔子，《老子》說：「樸散則為器，聖人用之，則為官長，故大制不割。」雖然未有明明白白地說「不器」，但提倡守樸、不割，又說割了、散了便成為器，不器的主張是很清楚的了。

在先秦時期的思想家心目中，「器」是甚麼呢？為甚麼他們主張不器呢？他們對器的認識和今日沒有太大的不同。「器」就是器皿，或者廣義一點來說，就是工具。工具有甚麼壞處呢？為甚麼提倡一個人不要成為工具呢？我們的生活

是離不開工具的。一早起，洗面漱口，盛水的便是器；出門上班，當然要乘搭交通工具；工作更是不用說了，就是白領階級也要用文具。沒有器皿、工具，我們真可以說是面牆而立，半步難移。那麼，何以儒家、道家都異口同聲，建議我們不器呢？

古代思想家希望我們不器，並不是因為成器是件壞事。他們很明白器是有用的，對人是有好處的。上面《老子》的引文便清楚地說：「樸散則為器，聖人用之，則為官長」，散了的樸，如果能為聖人所用是可以成為官長的。官長有甚麼不好？今日多少人望升官。他們要我們不器，不是看不到成器之利，只是認為成器不應該是人的目標。

器和工具都是為一個特別的目的和功用而設計、製造的。如果用在那個特別的用途上，便感到得心應手。然而用到其他方面，很多時候便覺得不稱心惬意。愈好、愈精細的工具，往往用途愈狹。用得適合，簡直就像多了一隻手，非常方便。可是一旦離開了特定的功用，有時便是廢物。所以要成器，不少時候是要犧牲的。犧牲甚麼？放棄我們本來多樣化的才能，放棄我們的靈活。

孔子和老子都認為人的可貴在於他有多方面的潛能，和隨時可以發揮不同潛能的靈活。成了器就是定了型，定了型用道家的話來形容便是「往而不返」，被囿禁於所定的型內，雖然或許成了利器，卻是丟掉了人的可貴。

當其無，有器之用

　　《老子》第十一章，是全書最為人熟悉的幾章（其他如第一章、第二十五章、第四十章、第八十章）中的一章：

> 三十輻共一轂，當其無，有車之用。埏埴以為器，當其無，有器之用。鑿戶牖以為室，當其無，有室之用。故有之以為利，無之以為用。

這段文字，雖然為人熟悉，但卻有好幾個不同的解釋。

　　有人把第十一章的「無」字解成和「空」字同義。認為老子在這裏指出事物的用途，往往是在它空虛之處。譬如一隻碗，可用以盛物，因為它有空處。不空的碗，是一點兒用處都沒有的。這個解釋非常流行，接受的人很多。有人甚至認為這樣解釋第十一章，對近代建築學也有影響。

　　另一個解釋，依然把「無」字當成「空」字的同義詞，可是改變了斷句方法，把「當其無，有車（器、室）之用」，斷成：「當其無有，車（器、室）之用」。持這個看法的理由是，器皿的用處不只是空間，而是被實體包圍、限制的空間。再用一隻碗為例，碗的空處是被碗壁所包圍，是被碗壁這個實體、這個「有」所確立的。因此器之用不在其無，而在其包含了有和無兩者的對立和衝突。這個解釋，古已有之，但前些日子在中國非常流行，因為可以附會在矛盾論上，認為事物之用生於兩種相反力量或因素的矛盾對立，相

反相成。

　　第三種解釋仍依第一種的句讀，但是把「無」字當無解，不作「空」解。就是說當車未成車，只有輻和轂的素材；當器未成器，還只是一堆陶土；當室尚未成室，只是四面牆壁，從車、器、室的層面去看，車、器、室仍未出現，只是無的狀態，這些材料有最大的用，因為這些物資可以用來做任何的車、不同的器和各種的室。一旦把這些素材做成了一部房車，它就只是一部房車，不能有貨車的功用；塑成了一個花瓶，那只能用來插花，再不能用以盛飯了。在未有車、器、室出現之際，這些素材就具有任何車、器、室之用。

　　我自己喜歡第三個解釋，因為第一、第二個解釋，未能妥善闡明全章結句：「故有之以為利，無之以為用」的意義。作者在結句很清楚地把「利」和「用」分別了出來。有是有利，無卻是有用。依第三個詮釋，成了車、成了器、成了室，便有一部車、一個器皿、一間屋子的利益，但未成之先，卻有所有車、器、室之用。

利與用

　　《老子》十一章：「埏埴以為器，當其無，有器之用。」我喜歡的解釋是：當器尚未出現，還只是製造器的素材的時候，這些材料既然可以被陶造成任何的器，所以也可以說具

備了一切器之用。這個詮釋是幾個流行的註解中，唯一照顧到全章結句：「有之以為利，無之以為用。」結句中，作者是把利和用看成兩個不同的觀念，把它們對舉、比較。按我接受的註釋，一個製成的器皿，有一個特別的用途，可是卻喪失了成為其他器的可能。這個特別用途，《老子》作者稱之為利。保存一切器的可能，才可以說有器——所有器——之用。

這個解釋還可以幫助我們明白先秦思想家要我們不器的理由。因為一旦成了器，往往便很容易失掉了人其他的可能性。這並不是說必然如此，卻是極容易如此，必須小心。我們固然應該使自己有利於社會——換言之，成為社會的利器。但必須竭力維持人的各種可能，必須對種種可能開放，也就是必須保存人的用。避免有利無用，或有用無利，乃是人必須盡量保持的平衡。

器的觀念用到人方面可以說和「專家」最接近。專家和工具有相似的地方，用在他們的專長範圍，大部分專家都可以盡情發揮所長，但一偏離了這個領域，便不能愜意了。當然，今日的學科，就是本身已經夠複雜了。像以前的笛卡兒（René Descartes, 1596-1650）、歌德（Goethe, 1749-1832），在不同學科上都放出異彩的人，恐怕難得再見。從前做學問見林不見樹。現在林太大了，很難鳥瞰，要出人頭地，必須對一兩棵樹認識得透闢。

不過專家是有他們的危險，他們往往看不到自己專業和

其他學科的關係，也不明白自己的專長在整個知識世界所佔的地位。各各以自己熟悉的專長為重，看不到其他學科的重要，甚至不能接受其他和自己專業不同的思想方式和價值觀念。我們都知道如果一個人囿於一己的偏見，把自己的家庭、國家、文化定為至尊，不肯聆聽，拒絕了解，甚至排斥自己不熟悉的，並不是件好事。專家有時在知識世界裏也不自覺地犯了這種封閉症。我們不能說他敝帚自珍，因為他們有的不是敝帚，而是擁有鑽石卻瞧不起別人的珠玉。不器不是鼓勵浮淺，而是強調不要把自己變成只有一兩個用途的利器，而失掉了人的豐盛。

14.2「通通唔識」?

孔子、老子希望世人不器，並不是菲薄，反對專家，只是提醒我們在專和通、約與博之間保持一個平衡。今日，一些大專學校要求通識教育，也有這個意思。

同學對通識教育最常見的批評是：「通識？通通唔識。」這個意見其實是基於一個道理──通識教育內容太浮泛、膚淺。通識教育往往只要求學生修四、五科，但涵蓋的範圍很廣。修一門三個學分的西方文化，怎樣幫助學生明白上下幾千年，包括文學、哲學、宗教、音樂、藝術、科學……的西方文明？除了供給學生一些茶餘飯後的資料，又有啥用？這種蜻蜓點水式的教育，美其名曰：通識，簡直便

是自欺欺人。其實選讀以後依然「通通唔識」。

　　同學的批評有沒有道理？這要看你怎樣了解通識教育的目的。如果你以為通識教育的設立是因為學生懂得的東西不夠多，希望透過通識課程，使他們多學一點知識，就如電視上的教育節目：「識多一點點」，那麼上述的評價未始沒有道理。唸文科的學生的科學知識貧乏得可憐，要他們選修一些「物理學入門」、「天文學概論」，增廣見聞。唸科學的對文學認識不多，讓他們修讀「詩詞選」、「音樂欣賞」之類的科目，擴闊他們的知識。但就只這麼四、五科，又怎能幫助他們在如此遼闊的範圍多知一點？要達到這個目的，一般通識的要求，起碼要多加一倍，才或者可以有效。

　　但重要的還不是能不能達到上述目的的問題，而是為甚麼唸文學的要知道一些「不湯不水」的相對論，「半明不白」的遺傳基因理論？唸理科的又何以要知道一些關於李白（701-762）、杜甫（712-770）的詩文，或者聽他們不能明白的荀伯格、梅湘的音樂？在任何專業以外都有不少我們不太懂的學問，我們要全部知道是沒有可能的。要知道多少才算通？怎樣選擇哪些必須包括在通識之內？這都是難以回答的問題。我支持通識教育，但上述對通識的看法，卻是不能苟同的。

通的意義

「通識教育」裏的「通」字，指的並不是量。如果指的是量，那通識教育是很難成功的。多唸三、四門通識課程，決不能把人變成博學之士。但同學對通識：「通通唔識」的批評裏面的「通」字指的卻是量。所以他們的批評不能說擊中要害，除非我們認為通識要達到的目的是量。

固然，通識教育有讓學生識多一點點的意思，但充其量這只是幾個目的裏面的一個，而且並不是主要的那一個，通識教育裏面的「通」指的應該是質，是希望同學能夠從中培養出來的態度。

今日，專上教育訓練出來的人，大都可以成器。但他們往往是執一察焉以自好的一曲之士。這樣說並不是批評他們知道得少。通識教育的目的不是要學生知得多。一曲之士的弱點不是量，而是態度。他們很多時候執着自己懂的，菲薄、排斥自己所不懂的，總覺得自己的專長是天下間最重要的。

唸科學的不屑作宗教的討論，認為迷信。只有科學找到的才是真理，也只能透過科學才找得到真理。他們不知道有些真理並非科學所探索得到的。「真」不是全部由科學壟斷的。唸宗教的鄙視商科，他們是望天上的事，商人就只顧地下的生活，滿身銅臭、俗不可耐。他們不能欣賞商人的精神：厚生、富國、實事求是。商人瞧不起搞文學

的，認為一味空談，全不實際，附庸風雅，自鳴清高，看不到這些無用之學怎樣為世界提出理想，幫助我們活得更好。學文學的輕視科學，覺得科學只是工具，沒有目標，而且為世界帶來不少災害。他們各各把自己關閉在熟悉的環境之內，對外面的嗤之以鼻。

通識教育的「通」就是要打破這些學術上的偏執。叫我們明白不同學問的領域有不同的求知方法，有不同衡量的標準，有不同追求的目的，有不同的價值觀念。這種歧異，並不相互排斥，反倒互補其短。我們不必刻意把這些不同消滅、融合；更不用定一至尊。因為我們居住的世界，本來就是複雜、多姿、豐富、絢爛的世界，我們需要盡量吸收，欣賞它繁複的姿彩。不同的學科就是循不同的途徑、從不同的角度，讓我們領悟宇宙的繽紛和奇妙。指出這些不同的蹊徑，敞開這些不同的窗戶，我覺得這才是通識教育的主要目的。

打破拘、篤、束

《莊子・秋水》：「井蛙不可以語於海者，拘於虛也；夏蟲不可以語於冰者，篤於時也；曲士不可以語於道者，束於教也。」這些拘、篤、束，必須打破。但打破並不是送井蛙三、四張汪洋大海的圖畫，給他點綴一下他的居所；也不是讓夏蟲嘗嘗冰棒，體會一下冷凍的滋味。這樣做只是增添

他們茶餘飯後的談資。同理，我們打破一曲之士的被「教」所束，要他們修兩、三門通識課程，並不是讓他們可以拿一些知識的畫圖來補他們學養的壁。

雖然表面上，修兩三門通識科只能作補壁之用。但這是虛假的表象，實際的目標不是如此。通識教育主要不是要學生學懂那三兩門功課，牢記其中的內容，而是希望透過這些不同的科目，使學生明白一件事物、一個問題，可以有迥然不同而又合理的看法。

或者舉個不太完美的例子：用科學的眼光看一篇文章，我們問文章主旨何在——要傳達甚麼訊息？條理是否清楚——推論是否合乎邏輯？語言是不是含混——有沒有一詞多義、意義模糊？然後，根據對這些問題的答案去衡量文章的好壞。唸科學的人，久而久之很可能不知不覺之間便認定這是評論文章最佳的準則，甚至唯一合理的準則。

衡量文章有另外的砝碼，也有另類的文章。有時我覺得文章不一定有主旨，硬要問主旨是受了科學影響。陳子昂的詩：「前不見古人，後不見來者，念天地之悠悠，獨愴然而涕下。」主旨是甚麼？詩人只是抒發他的感情——天才所面對的寂寞和孤獨。我是說詩人「抒發」他的感情，不是描寫，不是敍述。這首詩是沒有主旨的。就像打個呵欠，只呈示了困倦的狀態，但卻不是敍述，也不是描寫了困倦，是沒有主旨的。這首詩也沒有推理，「悠悠」、「愴然」，也不是準確的詞語。但這是首好詩。好在哪裏？它撩起我們無

限的情思。王國維〈蝶戀花〉:「……若是春歸歸合早,餘春只攬人懷抱。」陳子昂這首詩的確是「攬人懷抱」,好處就在此。

如果我們要唸科學的同學在通識課程裏唸這首詩,並不是要他們知道有位唐朝的詩人名叫陳子昂,他寫過這麼一首詩。或者叫他記着古體詩、近體詩、絕句、律句的分別。最主要的是讓他知道,評定世間事物,科學準則之外還有其他合理的準則;當然,還要攬他的懷抱。

教授通識科目

同一科目,作為通識教育裏面的一科和作為專業範圍裏面的一科來教,方法上應該有所不同,因為目的不一樣。譬如「中國詩選」,作為中國文學系的科目,也許要學生明白中國詩的流變、分辨不同的體裁、知道詩的分期、認識著名的詩人等等。作為通識教育的課程,或者注重的應該偏向詩人要捕捉的是甚麼意象,詩的世界是怎樣的境界,與其他學科所要探索的、所要展示的有甚麼不同,幫助學生了解我們所在的這個世界的豐富。

除此之外,通識教育還要保存學生對他專業以外的好奇和興趣。唸文科的很多時候對科學有一種懼怕,看到數字、方程式,頓感手足無措。通識教育裏的科學課程,就應該幫助學生消除這種恐懼,維持或重燃我們與生俱來對周

圍自然事物的訝異和求知的欲望。

　　可惜，我們在教授通識教育的時候忘記了這些目標。於是通識課程不是不湯不水，就是增加了學生的壓力——要他們應付一些他們不太懂，而且未必有興趣懂的科目。今日的教育，很多時候因為我們教的不得其法，而得出和原意相反的結果。好像很多概論課，本來是要給學生介紹這些學科，引起他們的興趣，是第一步，但往往卻成了學生最後和該科的接觸。因為讀過都怕怕，連原有的一丁點兒興趣都消滅得一乾二淨了。

　　通識教育是最以學生為本的，最要求教者忘我的。如果我們有着我是專家的心態，要表現自己的學問、「你不懂你蠢」的驕傲，大概不能把通識課程教好。我們需要售貨員、推銷員的態度（我可以想像不少同事看到這裏要大搖其頭，嘆息斯文掃地了），使學生看到這些學科的優勝處，看到世界之大，自己願意闖出拘囿他們的虛、時和教。與一般推銷員不同的，我們不是為了賺回佣，而是深愛我們所知道的，真是相信我們所喜歡的，也十分願意我們的學生看到世界之大，知識界的海闊天空。

　　學生明白了些甚麼，也許用簡單的測試可以找得出來。但學生的好奇是否維持了，眼界有沒有擴大，思想是否開放，卻不是考試看得出來的。通識教育的效果因此是難以測定的，也許在凡事量化的今天，這就成了通識教育的致命傷。但這該怪通識嗎？

新版後記

　　《哲人哲語》是 1995 年初版的，較諸《哲學子午線》後了不到兩年，可以說是姊妹作，喜歡其中一本的讀者，相信也會喜歡另外一本。《哲學子午線》是以討論一些哲學，或和哲學有關的問題為主要內容，而《哲人哲語》是介紹西方哲學思想，特別是對我影響較大的為重點。

　　匯智出版社有意重版這兩本書，和我接觸，我也欣然同意。《哲人哲語》我只修訂了初版的錯字和文句欠通的地方，另外為一兩處交代得不清楚的地方補充了一些材料，其他都沒有變動。

　　在這裏我引述初版〈自序〉的幾句話希望讀者閱讀本書，或任何其他哲學書籍的時候，都存放於心：

　　「〔看哲學書〕，…… 重要的 …… 是讓裏面提到的問題，和其中的討論刺激自己去思想。…… 就好像看偵探小說 ……〔重要的〕是看主角怎樣破案，而不〔是〕…… 結果。看哲學書 …… 趣味在跟哲學家一起思索，一起尋找答案，並不在強記那個哲學家說過些甚麼話。」

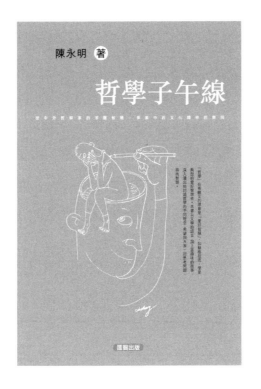

《哲學子午線》

陳永明　著

本書是一本輕鬆的普及哲學書籍。在書中，作者以文學的語言，加上富趣味的故事，深入淺出地介紹哲學的不同理念，以及中外哲學家對一些問題的思考。通過討論，相信有助大家釐清概念，了解問題，掌握智慧。

責任編輯：羅國洪

封面設計：洪清淇

哲人哲語

作者：陳永明

出　　版：匯智出版有限公司

　　　　　香港九龍尖沙咀赫德道2A首邦行8樓803室

　　　　　電話：2390 0605　　傳真：2142 3161

　　　　　網址：http://www.ip.com.hk

發　　行：香港聯合書刊物流有限公司

　　　　　香港新界大埔汀麗路36號中華商務印刷大廈3字樓

　　　　　電話：2150 2100　　傳真：2407 3062

印　　刷：陽光(彩美)印刷有限公司

版　　次：2018年4月初版

　　　　　2018年11月第二版

　　　　　2020年7月第三版

國際書號：978-988-78403-5-0